JN243950

捜査のための会社法

鶴岡 文人 著

東京法令出版

はしがき

　本書は、前拙著『実務に役立つ会社法入門』の実質的な第 2 版となりますが、平成26年改正を織り込んだだけではなく、擬律判断に関する部分を中心に加筆したことから、書名も、より端的に『捜査のための会社法』とすることにしました。また、前拙著と比較すれば相当数の注を付すこととなりましたが、それらについても可能な限り目を通していただければ、読者の方々の理解も深まるのではないかと思われます。

　なお、会社法については、現在も企業統治関係の部分について改正の動きがありますが、本書の中身と直接に関係し、改正内容を反映させなければならない部分は、現在のところ特に見当たらないことを付言させてください。

　最後に、本書の刊行につきお世話になった東京法令出版のスタッフの皆様に厚く感謝申し上げます。

　令和元年 7 月

著　者

はしがき

※『実務に役立つ会社法入門』から抄録で登載。

(平成23年10月)

　「なぜ会社法なのか」、「どうして会社法が必要なのか」という問いに対しては、「世の中の経済活動を『企業』が担っている以上、世の中の治安を担う警察も、否応なしに『企業』というものに対峙あるいは対応していかざるを得ない」と答えることができるのではないかと思います。「企業≒会社≒株式会社」と理解すべきことや、この答えについての捜査実務に即した具体的な説明は、第1章にあるとおりですので、ここで重複することは避けます。

　他方、会社法は、私法の中でも特に技術性の高い法律ですので、それだけ学ぶ側、特に多忙な警察官にとっては、理解するのに時間がかかる難解な法律ということになります。これについては、本書が「～入門」と題している以上、「必要最低限度のことがら（考え方）を極力分かりやすく説明する」ことに徹しました。その分、本書では触れていない複雑な制度等もありますが、これらを理解するためにも、本書で説明してある基本的な概念や制度は、かなり役立つのではないかと思います。

目　　次

第1章　捜査と会社法　*1*

1　特別背任罪……*2*
　(1)　特別背任罪の問題……*2*
　(2)　特別背任罪の理解と株式会社の構造……*4*
　(3)　設例の検討〜導入……*8*
2　払込みの仮装……*10*
　(1)　払込みの仮装と見せ金……*10*
　(2)　設例の検討〜導入……*14*
3　企業が関係する犯罪……*18*
　(1)　「企業犯」と「企業が関係する犯罪」……*18*
　(2)　「企業」と「会社」と「株式会社」……*20*
4　登記から……*22*
　(1)　会社の登記……*22*
　(2)　株式の譲渡制度と上場会社・非上場会社……*26*
　(3)　取締役と取締役会……*28*
5　定款から……*31*
　(1)　会社の定款……*31*
　(2)　定款と会社法……*32*

第2章　法人という法的技術とその業務執行　*34*

1　法人という法的技術……*35*

2　業務執行という概念……40
　　（1）問題の所在……40
　　（2）「業務執行」概念の理解（2つの面から）……42
　　（3）業務執行権がある(業務執行機関である)ということの意義……44
　3　株式会社における業務執行……46
　　（1）取締役会設置会社と取締役会非設置会社……46
　　（2）取締役会非設置会社における業務執行……48
　　（3）取締役会設置会社における業務執行……50

第3章　株式という法的技術とその機能　57

　1　権利の総体としての「株式」……58
　2　単位としての「株式」……60
　3　「出資」単位としての株式……65
　　（1）出資のための法的仕組み……65
　　（2）出資者の有限責任・無限責任……67
　　（3）株式会社における出資の基本的構図……69

第4章　株式会社制度の理解のために　74

　1　株式の譲渡と株式会社の実態……74
　　（1）株式の譲渡と株式市場……74
　　（2）上場会社・非上場会社と株式会社の実態……77
　　（3）株式譲渡の制限と株式会社の実態……78
　2　株式の保有と株式会社の支配……81
　　（1）株主総会における議決権……81
　　（2）株式会社の支配と所有……84

第5章　特別背任事件の擬律と株式会社の構造　87

1　会社法（民事）上の規制……89
2　特別背任罪による擬律の可能性……91
3　想定される抗弁（会計処理との絡み）……95

第6章　株式の発行の基本的な仕組み　98

1　株式の「引受け」と「払込み」……99
2　株式会社の設立……100
　(1)　設立の方法とその実態……100
　(2)　「払込み」による会社財産の形成と「資本金」の額……102
3　新株の発行……112
　(1)　新株発行の態様……112
　(2)　「払込み」による資金調達と「資本金」の額……114
4　払込金保管証明制度の廃止……117

第7章　払込みの仮装をめぐる問題　119

1　払込みの仮装……119
2　払込みの仮装に関する平成26年の会社法改正……124
3　設例の検討〜払込みの仮装の擬律と会計面からの理解……127
　(1)　設例……127
　(2)　問い……129

第8章　その他の重要な概念や制度　　135

1　監査役……135

2　公開会社・非公開会社……136

3　大会社・非大会社（中小会社）……140

参考文献……142

付　　録　参考重要条文集……143

One Point 解説

- ○ 会社法の制定と改正 …………………………………………21
- ○ 有限会社法の廃止 ………………………………………………25
- ○ 自然人と法人（民法） …………………………………………35
- ○ 「社員」と「従業員」 …………………………………………36
- ○ 「機関」という概念 ……………………………………………40
- ○ 従業員による株式会社の代理 …………………………………45
- ○ 会社法における機関設計 ………………………………………47
- ○ 取締役会非設置会社における「業務執行に関する意思決定」……49
- ○ 取締役の人数 ……………………………………………………51
- ○ 取締役会の決議 …………………………………………………51
- ○ 役付取締役 ………………………………………………………52
- ○ 取締役会決議に基づく代表取締役等による業務執行 ………54
- ○ 特別背任罪の捜査と取締役会議事録 …………………………55
- ○ 「株式」と「株」 ………………………………………………57
- ○ 物権・債権と株式 ………………………………………………59
- ○ 「発行済株式の総数」と「発行可能株式総数」 ………………61
- ○ 企業形態としての組合 …………………………………………66
- ○ 法人と有限責任 …………………………………………………68
- ○ 株式の単価（払込金額） ………………………………………70
- ○ 「株式」と「株券」 ……………………………………………72
- ○ 出資の払戻し規制の例外 ………………………………………73
- ○ 取締役解任の決議 ………………………………………………83
- ○ 取締役の地位を解任された代表取締役 ………………………83
- ○ 一人会社 …………………………………………………………92
- ○ 設立中の会社 ……………………………………………………100
- ○ 発起人による定款の作成・署名 ………………………………101
- ○ 無額面株式 ………………………………………………………104
- ○ 株券の不発行 ……………………………………………………104
- ○ 発起人の人数等 …………………………………………………106
- ○ 「新株の発行」と「募集株式の発行等」 ……………………114

- ○ 有利発行 …………………………………………………… *116*
- ○ 募集設立における払込金保管証明制度 ………………… *118*
- ○ 会社法による最低資本金制度の撤廃と払込みの仮装 ………… *122*
- ○ 「種類株式」制度 ……………………………………………… *138*

第1章　捜査と会社法

> **T**は警察大学校の教授
> **S**は警察大学校の学生で警察署刑事課の知能犯担当主任

S：教授は昨日の講義の中で「会社の仕組みについて定めた会社法も捜査にとって重要である」という話をされました。
　今日はそのことについて、もっと踏み込んだことをお伺いしたいと思い、やって来ました。

T：分かりました。Sさんは一線署の知能犯係で仕事をしているので、それでも自分の仕事と会社法との絡みについては、かなりイメージがあるのではないかと思います。
　ただ、会社法を知っておくことは、刑事部門だけにとどまらず、生活安全部門は当然にして、交通部門においても重要なことだと思います。

S：刑事部門だけの話ではないのですか。
　ちょっと、ピンとこないのですが……。

T：生活安全部門や交通部門においては、各種特別法犯の事件を処理することがありますが、この場合、両罰規定の適用によって法人—株式会社であることがほとんどでしょうが—そのものを被疑者として送致することがあります。
　例えば生活安全部門であれば、産業廃棄物の不法投棄事案（「廃棄物の処理及び清掃に関する法律」違反）等において、交通部門であれば、積載制限違反事案（「道路交通法」違反）等において両罰

規定が適用されることがあります。
S：私は専務の仕事は刑事部門しか経験がないせいか、特別法によっては、株式会社自体を被疑者として立件することもあり得るというのは初耳でした。
T：そうですか。ただ一方で、両罰規定の適用による法人送致というのは実務でも比較的頻度の少ない話でしょうから、まずは知能犯や暴力団犯罪の捜査を念頭に置きながら、会社法の知識が必要とされる理由について考えていくことにしましょう。

1　特別背任罪

(1)　**特別背任罪の問題**
T：捜査実務における会社法の重要性について話をしていきますが、最初に、このことを会社法が規定する罰則の面から考えてみることにしましょう。
　会社法が規定する罰則は960条以下に列挙されていますので、まずは六法で確認してみてください。
S：改めて見ますと、よく分からないというか、難解な言葉が並んでいますね……。
T：しかし、Sさんも知能犯捜査の経験があるので、何となく実感していると思いますが、捜査実務上ここに並んでいる罰則を全て理解しておく必要はないと思いますよ。
　むしろこの中で事件として扱うことが多いものといえば、ほぼ一つに絞られてくると思うのですが、それは何でしょうか。
S：960条の特別背任罪でしょうか。
T：もっと正確に条項を示してください。
　何が最低限必要であるのかを意識しながら、その外延を正確に把

握していこうとする姿勢は大切なことだと思います。

S：分かりました。えぇと、実務上問題になることが多い、というよりも問題になるほとんどのケースは１項３号の類型であり、その中でも特に「取締役」によるものは典型的なものです。

> 第960条（取締役等の特別背任罪）
> ①　次に掲げる者が、自己若しくは第三者の利益を図り又は株式会社に損害を加える目的で、その任務に背く行為をし、当該株式会社に財産上の損害を加えたときは、10年以下の懲役若しくは1,000万円以下の罰金に処し、又はこれを併科する。
> （１号、２号　略）
> ３　取締役、会計参与、監査役又は執行役
> （４号以下　略）

T：そのとおりですね。ところで、Ｓさんは特別背任事件を扱ったことがありますか。

S：はい。本部と一緒にやるような、ある程度の規模があって、身柄強制事件としてきっちり立件できたような事案の捜査に携わった経験はありませんが、告訴事案の処理であれば２、３件ほど扱ったことがあります。

T：そうですか。かつては特別背任事件といえば、本部と一緒にやる大規模企業犯というイメージが強かったと思うのですが、Ｓさんが今話してくれたように、告訴事案としての特別背任事件も増えているように思われます。

　このことは、他の課程の学生から事件についての質問を受けたときなどにも強く感じられます。

S：時代の流れみたいなものが背景にあるのでしょうか。

T：何ともいえませんが……。ただ、民事事件を中心に構成される会

社法の判例集において「会社法に関する判例の相当の部分が中小企業に関する事件であることも注目される。例えば、…（中略）…事件の多くは、閉鎖的な中小企業における個人と会社の法律関係の混同や会社の支配をめぐる紛争の結果として生じている。」という指摘があります(注1)。

　そうであるのならば、今までは中小の非上場会社内における各種紛争事案については、この指摘のように民事事件として争われることが一般的だったのでしょうが、最近では、この種事案についても「取締役の任務違背行為あり」として刑事告訴されるケースが増えてきているのかも分かりませんね。

S：私も同感です。特に特別背任罪の実行行為である「任務違背行為」が、刑法上の他の財産犯の実行行為と比較しても抽象的であり、何かの義務に違反するというニュアンスが強いことから、とりあえず取締役の問題となりそうな行為を取り上げて、これを「任務違背行為」として構成することも一応可能である、ということがその一因ではないかと思いますが……。

T：そのとおりだと思いますよ。しかし、いずれにしても特別背任罪が署レベルの告訴事案として取り上げられるようになった以上、本部だけではなく署の捜査員も、特別背任罪についてある程度の理解をしておかなければならないということになりますね。

(2)　特別背任罪の理解と株式会社の構造

T：ここで再度、先ほど掲げた960条1項3号を見てください。

　この特別背任罪の構成要件を理解する上で前提となるのは、刑法上の背任罪規定です。

　といいますのも、両罪の構造は同じものであり、特別背任罪という言葉にも表れているように、基本となっているのは刑法上の背任

罪だからです。

そこで、まずは刑法上の背任罪について、その条文の読み方のポイントだけでもここで確認しておきましょう。

まずは刑法上の背任罪規定を挙げてください。

S：はい。刑法247条です。

> 刑法
> 第247条（背任）
> 　他人のためにその事務を処理する者が、自己若しくは第三者の利益を図り又は本人に損害を加える目的で、その任務に背く行為をし、本人に財産上の損害を加えたときは、5年以下の懲役又は50万円以下の罰金に処する。

T：そんなに長くはない条文ですが、一見して読みにくさがありますね。

この条文を読みやすくするためのポイントは何だと思いますか。

S：条文中「他人」と、そして「本人」という言葉が出てきますが、これは同一のものです（「他人」＝「本人」）。

したがって、条文中冒頭の「他人」を「本人」に置き換えてこの条文を読めば、より分かりやすいものになります。

背任罪は、この「本人」に損害を加えることを規定していますので、この「本人」は被害者ということになります。

T：そのとおりですね。そして、「本人」を「『株式会社』という法人」に置き換えたものが特別背任罪なのです。

「法人」という概念は、会社制度の根幹をなす重要なものですので、後ほど説明しますが、ここではとりあえず「法による人」（＝法によって人と認められたもの）と理解してください。

そして、株式会社の法人性をより具体的に理解してもらうため

に、「株式会社の基本的構造」を以下に掲げます。

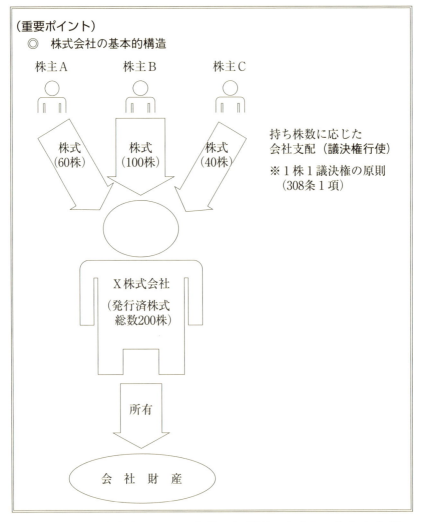

　この図が示す内容についても後ほど説明しますが、とりあえずここでは図の後半部分に注目してください。
　株式会社が法人であるということは、株式会社自身そのものが権利義務の主体になり得るということです。
　したがって、商品や備品、資金等の会社財産を所有している（会

社財産についての所有権がある）のはX株式会社自身であり、株主A、B、Cではありません。
S：法人についての説明は、読んだり聞いたりしたことはあるのですが、今一つピンとこないのです。
　法人の、例えばこの図でいえばX株式会社の、実体は何なのでしょうか。
T：実体はありません。法人とは、あくまでも法がつくり出した「人」のことであり、観念的な存在でしかないのです。
　そして、X株式会社という法人制度を採らなければ、会社財産を所有するのは、A、B、Cということになるのですが（共同所有）、独立して権利義務の主体となり得る法人制度を採ることにより、会社財産を所有するのはX株式会社１人であるということになるわけです。
S：そもそもなぜ法人制度を採るのですか。
T：これについても後ほど説明しますが、一言でいえば権利義務の単純明確化です。
　いずれにしても繰り返しになりますが、会社財産を所有しているのは株式会社という法人です。
　そして、会社財産を保護するための罰則規定が特別背任罪なのですが、会社財産を保護するということは、その会社財産を所有している株式会社を保護するということであり、すなわち株式会社が被害者になるということです。
　だからこそ刑法上の背任罪の「本人（＝他人）」の部分を「株式会社」に置き換えたものが特別背任罪になるわけです。
S：分かりました。株式会社の構造を踏まえた上で特別背任罪を理解しなければならないということですね。

(3) 設例の検討〜導入

T：株式会社の基本的構造の中でも法人制度にポイントを置いて特別背任罪の規定をみてきましたが、まだ忘れてはならないこともあります。

　ちょっと、ここで具体的な設例を挙げますので、考えてみてください。

〔設例１〕
　Aは、甲株式会社の代表取締役であるが、自己の遊興費に窮したことから、甲株式会社の所有する土地を自己が廉価で購入し、これを第三者に売却することによって売買差益を出し、これを自己の遊興費に充てることとした。
　Aは、甲株式会社の所有する土地（時価1,000万円相当）を300万円で購入した後、さらに、当該土地を情を知らないXに対して900万円で売却し、その差額600万円の利益を不当に得た。

S：この事実関係だけでは、甲株式会社の規模や業態ですとか、その所有する土地を第三者に売却することとなった意思決定のプロセスが明らかではないので、断定はできないと思いますが、代表取締役Aの行為が特別背任罪に該当するか、ということなのでしょうね。

　普通に考えれば、特別背任罪に該当する可能性が高いと思いますが……。

T：先ほど参照した会社法960条１項３号には特別背任罪の主体として「取締役」とありました。

　一方で、設例のAは「代表取締役」となっていますが、この点についてはどうでしょうか。

S：「取締役」というのは「代表取締役」も含んだ概念なのでしょうか。

T：そうですね。「代表取締役」というのは、その前提として「取締役」であることを前提としているわけですから（P52）。

S：それでは、甲株式会社の取締役（代表取締役）であるAが、同社に700万円の損害を与えながらも自己の個人的な遊興費を捻出するために、取締役としての任務に背いて同社から廉価で土地を購入し、同社に対して損害を生じさせた、といえるのではないでしょうか。

　それに、確かAの行為は「自己取引」と呼ばれ、任務違背行為の典型とされているものですし、この点からも特別背任罪に該当するのではないでしょうか。

T：「自己取引」についての、取引としての構造や会社法上の規制については後ほど説明しますが、ここでは先ほど掲げた「株式会社の基本的構造」（P6）と照らし合わせて考えてみてください。

S：甲株式会社の株主の存在が、何か関係してくるのでしょうか。

T：Sさんご指摘のとおり、この設例には書かれていない事実関係がありますので、それらによって特別背任罪の成否が左右されてくるといってもよいでしょう。

　逆にいえば、事件の成否を左右するような事実関係が何であるかを早い段階から見極め、これらを解明することこそが、捜査のポイントになってくるのでしょうね。

　例えば代表取締役Aが甲株式会社の株式をほとんど保有しているような状況が明らかになってくれば、Aの行為を特別背任罪で擬律していくことには大きな問題が残ると思われます。

S：そうなのですか。しかし、教授は先ほど、特別背任罪は会社財産を所有している株式会社を保護するためのものである、と説明されました。

　そうであれば、たとえ株式会社の株主が誰であれ、法人という一

つの立派な権利義務の主体である株式会社の財産が、取締役の任務違背行為により侵害されている以上、特別背任罪に該当すると思うのですが……。
T：確かに株式会社は法人であることから、株主とは別個の権利義務の主体ではあります。

　しかし、一方で「株主は株式会社の実質的所有者である」とされていることも忘れてはなりません。

　そして、代表取締役Aが甲株式会社の株式をほとんど保有しているということは、Aが甲株式会社を実質的に所有しているといえます。

　そうなりますと、Aの特別背任行為による被害者が甲株式会社であるとしても、より実体的な、実質的な被害者はAであると考えることも十分に可能なわけです。

　今日は導入程度の話しかできませんが、特別背任罪の擬律と株式会社の構造の絡みの問題については、改めて「第5章　特別背任事件の擬律と株式会社の構造」で説明することにしますので、一読してみてください。
S：ぜひ、そうすることにします。

（注1）　矢沢惇・鴻常夫「会社法判例研究の意義」〔岩原紳作ほか編『会社法判例百選（第3版）』（有斐閣、2016年）〕5頁

2　払込みの仮装

(1)　払込みの仮装と見せ金

T：Sさんは今までに「見せ金」を事件にしたり、あるいは扱ったことはありますか。

S：事件ネタとして扱ったことはありますが、その案件は結局事件化には至りませんでした。

T：内偵事件のネタとして見せ金の捜査に従事したことがある方は、結構いるのではないかと思いますが、これを事件化するためには、相当高いハードルを超えなければならないのも事実です。

　そして、この点については、会社法の基本的な概念と密接に関わってきますので、次に「払込みの仮装」の問題を取り上げることにします。

　まず確認からですが、Sさんは「見せ金」とは何なのか、その定義のようなものをご存じですか。

S：正確に定義を説明できるわけではありませんが、「問題となっている会社の資本金（より詳しくいえば登記されている「資本金の額」）を、より多く見せるために金銭を出し入れする不正行為である」くらいには理解しています。

T：ほぼそのとおりなのでしょうが、ここはポイントですので確認しておきます。

　「見せ金」とは、一言でいえば「払込みの仮装」であると理解してください。

　否、むしろ「見せ金」という呼称は耳に馴染みやすい言葉ではありますが、その構造を明確に理解するためには「払込みの仮装」という用語を用いるべきだと思いますので、以降はこちらの方を使っていくことにします。

　そこで、次には「払込み」とは何なのか、ということになるわけですが、これはどうでしょうか。

S：「払込み」とは、資本金となる金銭を銀行口座へ振り込むことだと思います。

T：これも概ねそのとおりですが、振り込む目的も踏まえた上で理解

しておいた方がよいでしょう。

「払込み」とは、「出資の履行」のことです。

「株主になろうとする者」は、株式会社に資金（資本）を拠出し（資金（資本）を出す、すなわち「出資」です。）、その対価として相当数の株式を手に入れますが、その拠出のための具体的方法が「払込み」です。

これについて具体的なイメージを持ってもらうために、「株式会社における出資の基本的構図」を以下に掲げます。

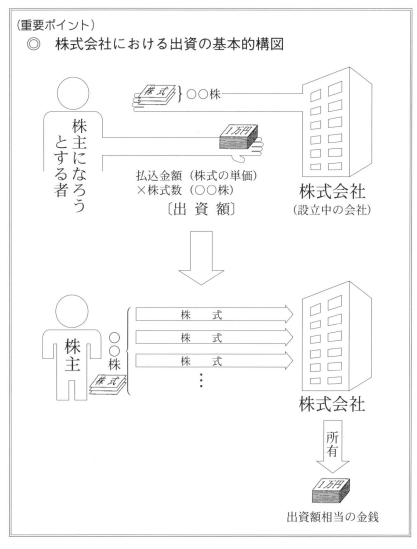

　この図が示す内容については後ほど説明しますが、今説明したことは、図の上半分の部分に該当してきます。
　「株主になろうとする者」は、「株式会社（設立中の会社）」に出資額相当の金銭を拠出しますが、それは具体的には、銀行口座への振込みによりなされます。

ちょっと、ここでも具体的な設例を挙げますので、考えてみてください。

(2)　設例の検討～導入

〔設例2〕
　Aは、甲株式会社を設立することとし、対外的な信用を得るために同社の「資本金の額」については3,000万円にすることを企てたが、A自身の資金面に不安があったことから、知人のBから3,000万円の融資を受け、これを資本金に充てることとした。
　①　Aは、Bから3,000万円を借りてきて（金銭消費貸借）、
　②　すぐにこれを自己名義（すなわち発起人名義）の銀行口座に入金し、
　③　直後、Aは、その入金が記帳されている預金通帳をコピーし、これを添付することにより、甲株式会社の設立登記を申請し、その旨の登記がなされた。
　④　その後、Aは、入金した3,000万円を全額引き出した。

T：「発起人」という言葉が出てきますが、株式会社を立ち上げ、その株主になっていく者、という程度にまずは理解しておいてください（P101）。

　払込みの仮装が事件として問題になるのは、既に設立された会社が払込みを仮装することにより、資本金の額を増加させる場合が多いのですが、分かりやすさを優先するために、払込みを仮装することにより架空の会社を設立する場合（いわゆる「架空設立」）に絡んだ設例を挙げました。

　まず確認しておきたいのは、この設例が架空設立であり、「資本金の額」3,000万円の実体がないと認められる場合、事件の擬律と

しては、どのように考えていきますか。

S：実体がないものをあるものとして、事実上存在しないものを存在するものとして、会社登記簿に不実の記載をさせたものですので、電磁的公正証書原本不実記録・同供用罪（刑法157条1項・158条1項）による事件化を目指していきます[注2]。

刑法

第157条（公正証書原本不実記載等）

① 公務員に対し虚偽の申立てをして、登記簿、戸籍簿その他の権利若しくは義務に関する公正証書の原本に不実の記載をさせ、又は権利若しくは義務に関する公正証書の原本として用いられる電磁的記録に不実の記録をさせた者は、5年以下の懲役又は50万円以下の罰金に処する。

第158条（偽造公文書行使等）

① 第154条から前条までの文書若しくは図画を行使し、又は前条第1項の電磁的記録を公正証書の原本としての用に供した者は、その文書若しくは図画を偽造し、若しくは変造し、虚偽の文書若しくは図画を作成し、又は不実の記載若しくは記録をさせた者と同一の刑に処する。

T：そうですね。そのためには、払込みに実体がない、すなわち払込みが法律上（会社法上）、無効であるということが、事件化のための最重要ポイントになってきますね（P119）。

なお、登記記録のどの部分について不実性（実体の不存在）が認められるのかについては、平成26年の会社法改正の絡みもあり、微妙な問題もありますが、後ほど説明することとして（P124）、ここでは割愛します。

それでは、Ｓさんは設例について払込みが無効であるとして、電

磁的公正証書原本不実記録等罪での擬律を検討していきますか。
S：はい。いや、ちょっと待ってください。先ほどの特別背任の設例も、書かれていない事実関係がポイントになっていましたよね。
　それにならえば今回の設例も、どのような事実関係が罪の成否を左右するのか、それについて考えなければならないのですね。
　ですが、資本金として充てられた3,000万円は、登記により会社が設立された後、すぐに引き出されていますので、資本金としての役割を果たしていないのではないでしょうか。
T：学生と話していて、たまに誤解しているなぁと思うことがあるのですが、資本金というのは、ずっと金銭あるいは預金のままで存在していなければならないのですか。
S：そんなことはありません。私も仕事に関係があると思い、簿記の初級をかじったことがあるので分かりますが、資本金というのは元手のことであり、これを元に商売をするための物品を仕入れたりしますので、当然金銭や預金のままではありません。
　そうか、うっかりしていました。
　④の後に、Aが①の借金の弁済としてBに3,000万円を交付したのであれば、「払込みは、無効である」として電磁的公正証書原本不実記録等罪による擬律を検討していくことになります。
T：そうですね。銀行口座に払い込まれた資本金相当額の金銭がすぐに全額（あるいはそれに近い額）を引き出されていたとしても、そもそも資本金（元手）とは事業資金として使われていくもの—株式会社が具体的に事業を立ち上げるのであれば、各種物品を用意したり、販売事業であれば商品を仕入れたりしなければなりませんが、資本金として払い込まれた金銭はこれらに充てられるもの—ですので、払込みが無効か否か、については、出金された資本金の使途先等によって左右されることになります。

払込みの仮装については、改めて「第7章　払込みの仮装をめぐる問題」で説明するとともに、前提として貸借対照表ですとか、そこにおける資本金概念の理解も必要になってきますので、これらについても改めて「第6章　株式の発行の基本的な仕組み」で説明することにしますので、一読してみてください。

S：分かりました。ただ、教授に最後、設例について1点だけ確認したいことがあります。

Aは出資（会社立ち上げ）資金がなかったことから、借金をして、それを立ち上げる会社の資本金に充てたわけですが、そもそも他人から借金をして、それを元に出資─会社を立ち上げたり、株式を購入したり─してはまずいのでしょうか。

T：この点についても、たまに誤解している学生がいるようですので、タイミングよく質問してくれました。

結論からいえば、そんなことはありません。

先ほど見てもらった「◎　株式会社における出資の基本的構図」（P13）を再見してください。

設例でいえば、発起人として資本金を全額出資したAは、甲株式会社の株主になろうとする者になりますが、Aがその原資を知人のBから借りてきて、それを出資額に充てることについては、特に問題はありません。

さらには、借金をして株を買っても、そのこと自体について特に問題はありません。

しかし、繰り返しになりますが、資本金として払い込まれた金銭は、事業資金として使われていくものですので、それがA個人の借金の弁済としてBに流れてしまえば、それは資本金として形だけのものであり、そもそも払込み自体も無効なものである、と評価されることになります。

S：分かりました。「払込みの仮装」は難しそうですが、本書の後半部分もよく読んで研究してみます。

(注2) 代表的な文献を挙げておきます。西田典之（橋爪隆補訂）『刑法各論（第7版）』（弘文堂、2018年）389頁は、刑法157条について「本罪の成立が多く認められる例としては、外国人との偽装の婚姻届、見せ金による資本金の仮装払込に基づく株式会社の設立登記、変更登記などがある」としています。江頭憲治郎『株式会社法（第7版）』（有斐閣、2017年）82頁は、「発起人が払込み・給付を仮装することがあるが、仮装の払込み・給付は資本金（会社445条1項）を形成せず、したがって仮装金額の登記（会社911条3項5号）は公正証書原本不実記載罪（刑157条）を構成するものとされている（最決昭和40. 6. 24刑集19巻4号469頁）」としています。神田秀樹『会社法（第20版）』（弘文堂、2018年）54頁は、見せ金について「公正証書原本不実記載罪を認めた事例として、最決平成3.2.28刑集45－2－77」を挙げています。

3　企業が関係する犯罪

(1)　「企業犯」と「企業が関係する犯罪」

T：今まで捜査実務における会社法の重要性について、特に事件の擬律判断に会社法の理解が直接的に絡んでくるものを挙げて説明してきました。

　続いては、もっと視点を広げて話をしていきましょうか。

　まずは、捜査を行うにあたって会社法の知識が必要とされる犯罪といえば「企業犯」という言葉を思いつくと思います。

　しかし、「企業犯」という言葉にどのような定義を与えるのかという問題にも関係してくるのですが、「企業が関係する犯罪」は、

「企業犯」に限られるものではありません。

　例えば、Ｓさんが日常の業務で扱うことの多い詐欺、横領、背任等事件については、「企業犯」そのものとまではいえないまでも、企業が関係する犯罪——例えば「企業を舞台として行われるもの」等——も結構あるのではないですか。

Ｓ：はい。告訴事案として詐欺、横領、背任等はよく扱いますが、それらの中で、企業を舞台とするものはかなりあると思います。

　そして、「企業を舞台として行われるもの」と一言でいっても、その態様は様々であり、例えば、企業の中でその役員や従業員が横領、特別背任等を行うものもあれば、企業の取引先がその取引を悪用して当該企業に対して詐欺等を行うものもあります。

　後者の場合、詐欺等を行う取引先が企業ぐるみで（企業が一体となって）犯罪を行うこともありますが……。

Ｔ：そうですね。さらには、詐欺、横領等のいわゆる一般知能犯事件とは区別されるものとして汚職事件（贈収賄事件）がありますが、この汚職事件についても企業が関係する犯罪といえるのではないですか。

Ｓ：私は今までほとんど汚職事件の捜査に従事したことはないので、何ともいえませんが……。

Ｔ：一口に汚職事件といっても、その態様や規模等から様々なものがありますが、汚職事件の典型例の一つとして公共工事発注をめぐる汚職事件が挙げられます。

　この場合、贈賄側は公共工事を受注しようとする建設会社の役員等ですので、この種の汚職事件については、建設会社という企業が関係する犯罪という面があります。

　特に、事件が地方に密着したものであればあるほど、いきおい建設会社も中小規模なものとなってきますので、贈賄行為について

も、企業を挙げての、企業ぐるみのものとなってくるでしょう。

(2) 「企業」と「会社」と「株式会社」

S：分かりました。ただ、今までの教授の話をお伺いしていると、「企業」と「会社」という2つの言葉がごちゃ混ぜになっていると思うのですが、そもそもこの2つの言葉、概念についてはどう理解すればよいのでしょうか。

T：実務にほとんど関係のない抽象的な理屈を説明してもしようがないので、両者の定義、概念については説明しませんが、両者の関係を一言でいえば、「企業」は「会社」を含むものといえるでしょう。

　ただし、現代社会の経済活動において「企業」が法的形態として採るのは圧倒的に「会社」制度であることから、ここはざっくりと「企業≒会社」と理解すればいいと思います。

　さらに付け加えれば、「会社」についてもいくつかの種類がある—採り得るいくつかの法的形態がある—のですが、その中で最も一般的かつ重要なものは「株式会社」制度です。

　なお、「株式会社」を含めた「会社」制度について規定するのが平成18年に施行された「会社法」です。

S：分かりました。実態上は「企業」も「会社」も同じものであり、さらに「会社」については「株式会社」を念頭に置いて考えればよいのですね。

　ところで、私の同期が本部の生活経済事犯担当所属で仕事をしているのですが、彼と話をして思ったのは、生活経済事犯についても、企業すなわち会社が関係する犯罪ばかりであるということです。

　また、私が所属する刑事課で組織犯罪対策を担当する主任が、先日暴力団関係企業の絡んだ事件をやっていましたが、このような事

件についても同じようなことがいえますよね。

T：そのとおりです。会社法についての知識が必要とされるのは、何も企業犯の捜査に限られるものではなく、企業（会社）を舞台として行われるなど、広く企業が関係する犯罪の捜査においても、この種の知識が必要となってきます。

　以下、このことを具体的に考えていくことにしましょう。

S：分かりました。よろしくお願いします。

One Point 解説

会社法の制定と改正

　会社法は平成17年（2005年）に制定され、翌年に施行されました。会社法ができるまでは「会社法」という名称の法律は存在せず、会社法の内容に相当する部分は、それまでは「商法」等において制定されていました。

　また、平成26年（2014年）には、上場会社（P27）を念頭に「社外取締役」制度の推進を図るための改正等がなされましたが、本書においては、特に「払込みの仮装」と関係の深い改正部分について、第7章で取り上げて説明します。

社外取締役とは～

　株式会社は法人（法がつくり出した「人」）であり、観念的な存在でしかありませんので、株式会社の業務を実際にやってくれる人間（自然人）の存在が必要となりますが、それが取締役等の業務執行機関に当たります（「第2章　法人という法的技術とその業務執行」）。

　そして、上場会社の取締役については、従業員から叩き上げて課長、部長等の幹部を経て取締役に出世していくパターンが多い

> のですが、このような会社内の取締役（正式な法律用語ではありませんが、いわゆる「社内取締役」と呼べるもの）だけで経営が行われる場合の問題点が指摘されており、これを踏まえ、会社内からの出身ではないなど会社から独立した立場にある「社外取締役」の制度が生まれました。

4　登記から

(1) 会社の登記

T：それでは、企業（会社）が関係する犯罪をいざ捜査するとなった場合、Sさんならばまず最初に何をやりますか。

S：会社の実態や中身が分かるようなものを容易に入手することでしょうから、まずは当該会社の登記を調べます。

T：そうですね。会社の規模や違法行為への関与度等も影響し、登記の内容が当該会社の実体をどこまで正確に反映しているのかという問題が残る場合もあります。

　しかし、そうはいってもやはり登記には当該会社についての基本的で重要な事項が載っていますので、まずはその内容をしっかりと理解することが捜査の第一歩となります。

　先ほど、会社の中で最も一般的かつ重要なものは「株式会社」である旨説明しましたが、そもそも株式会社についてどのような登記がなされているのか、すなわち株式会社の登記事項としてどのようなものがあるのかについては、会社法911条3項各号に列挙されています。

　ちょっと六法で確認してみてください（巻末付録「参考重要条文集」参照）。

(※　以下、本書で会社法の条文を掲げる際には「会社法○○条」とはせずに、単に「○○条」とします。)

S：随分と多いようですし、聞き慣れない言葉も並んでいます。これだけを見てもほとんどピンときませんが……。

T：株式会社の基本的な仕組み、構造を分かっていないとなかなか理解しにくいと思います。

　これらの事項をざっと一覧しても無味乾燥なだけでしょうから、メリハリをつけるために、株式会社の規模、形態等に関係なく、どのような株式会社であっても登記されており、しかも特に重要な事項から説明しますが、代表的なものとしては、商号（株式会社の名称）、本店の所在場所、目的（事業目的）のほかに以下のものが挙げられます。

○　資本金の額（5号）
○　発行可能株式総数（6号）
○　発行する株式の内容（7号）
○　発行済株式の総数並びにその種類及び種類ごとの数（9号）
○　取締役の氏名（13号）
○　代表取締役の氏名及び住所（14号）

S：株式会社の登記は普段の仕事でも結構見ているのですが、やはり具体例を示しながら説明していただければ、より一層分かりやすいと思うのですが……。

T：分かりました。法務省のウェブサイトには商業登記記録例が掲載されていますので、その中から最もシンプルな形態の株式会社の登記を以下に抜粋します。

株式会社の登記記録例

商　号	第一電器株式会社
本　店	東京都中央区京橋一丁目1番1号
公告をする方法	官報に掲載してする
会社成立の年月日	平成19年10月1日
目　的	1　家庭電器用品の製造及び販売 2　家具、什器類の製造及び販売 3　光学機械の販売 4　前各号に附帯する一切の事業
発行可能株式総数	400株
発行済株式の総数並びに種類及び数	発行済株式の総数 200株
資本金の額	金300万円
株式の譲渡制限に関する規定	当会社の株式を譲渡により取得するには、当会社の承認を要する。
株券を発行する旨の定め	当会社の株式については、株券を発行する。
役員に関する事項	取締役　　　甲野太郎
	東京都大田区東蒲田二丁目3番1号 代表取締役　　甲野太郎
存続期間	会社成立の日から満50年
登記記録に関する事項	設立 　　　　　　　　　　平成19年10月1日登記

(法務省のウェブサイトにおける商業登記記録例からの抜粋)

　株式会社登記を含む商業登記についてはコンピュータ化されていますので、登記記録という言葉が使われていますが、その記録された内容を書面にしたものが登記事項証明書ということになります。
S：911条3項各号に掲げられた登記事項が全て記録されているわけではないのですね。

T：そのとおりです。例えば、911条3項12号は新株予約権についての登記事項を定めていますが、同号には「新株予約権を発行したときは」とあります。

　ということは、その会社が新株予約権を発行していなければ、当該会社の登記には新株予約権についての記録はないということになります。

One Point 解説

有限会社法の廃止

　「有限会社」制度を定めていた有限会社法は、会社法の制定に伴い廃止されました。

　ただし、会社法の施行時に存在していた有限会社については、特に定款の変更や登記をしなくとも、会社法の下における株式会社として存続することも可能であり、これを「特例有限会社」といいます。

　この特例有限会社については、定款の変更等がなされていませんので、商号（社名）には「有限会社」という文字が入ったままですが、特例有限会社であり続ける以上は、それをそのままにしておく必要があります。

　ただし、定款を変更して商号の中に「株式会社」という文字を入れ、その旨の登記をすれば、通常の株式会社に移行することも可能です。

　特例有限会社についての以上のことは、「会社法の施行に伴う関係法律の整備等に関する法律」の1～3条、45条、46条に規定されています。

(2) 株式の譲渡制度と上場会社・非上場会社

S：先ほど、教授は、特に重要な登記事項をいくつか挙げておられましたが、
　　〇　発行する株式の内容（7号）
については、この登記の中には出てこないのですが……。

T：株式の内容については、会社が特にこれを定めた場合、いくつかのパターンがあるのですが、そのパターンの中で最も典型的なものは「株式の譲渡制限」です。

　そして、これについては「発行する株式の内容」欄ではなく、特に「株式の譲渡制限に関する規定」欄に記載されることになります。

　なお、実務の実態に即していえば、株式会社が株式の内容について特に定めるとすれば、それは「株式の譲渡制限」である場合がほとんどですので、登記上「発行する株式の内容」については、ほぼイコール「株式の譲渡制限」であると理解した方が分かりやすいかもしれません。

S：確かに「株式の譲渡制限に関する規定」欄に記載がある登記は頻繁に見たことがありますが、「発行する株式の内容」欄に記載がある登記はほとんど見たことがありません。

　ところで、この「株式の譲渡制限」について、どうもピンとこないのです。

　この登記にもあるように、第一電器株式会社が現在、株式を200株発行しており（発行済株式の総数）、この株式を持っている人たち（株主）がその株式を第三者に譲渡（売却）するには、同会社の承認が必要であるということは分かるのですが……。

T：株式という法的技術に絡む、株式会社の実態を把握する上で要となる事柄ですので、後ほど説明しますが（第4章　株式会社制度の

理解のために)、ここではとりあえず、株式譲渡制限という制度について、ポイントとなる見方のみを説明しておきます。
　まず質問ですが、株式会社をその実態面から大きく2つに分けた場合、何と何が考えられますか。
S：えぇと、中小企業と大企業、というよりは中小規模の株式会社と大規模の株式会社でしょうか。
T：当たらずといえども遠からず、といったところでしょうか。
　「上場会社」という言葉は知っていますか。
S：あぁ、はい、知っています。
　確か『四季報』という本に載っている会社ですね[注3]。
　株式が東京証券取引所等の株式市場で売り買いされている株式会社のことです。
T：そうですね。この場合、「上場」とは「市場（すなわち株式市場）に上げる（上げて、売買の対象とする）」ことであると理解してください。
　そして、そうではない（上場会社以外の）株式会社のことを「非上場会社」と呼びます。
　「上場会社・非上場会社」は、株式会社の法制度を理解していく上で常に意識しておかなければならない重要な概念です。
　ところで、Ｓさんが日常の業務で扱うことの多いのは、どちらの方ですか。
S：私は知能犯捜査の経験が特に豊富というわけでもありませんし、本部捜査二課の勤務もまだですので、上場会社を舞台とするような事件の捜査に従事したことはありません。
　日常の業務で扱う会社絡みの事件は、非上場会社のものばかりです。
T：そうだと思います。ここに興味深いデータがあるのですが、

平成29年10月末現在
　　　　株式会社（特例有限会社を除く）　　186万6,000社
　　　　うち上場会社　　　　　　　　　　　3,700社（注4）

となっています。

　要するに、株式会社の中でもその圧倒的多数を非上場会社が占めていますので、捜査で扱う株式会社についても、いきおい非上場会社ばかりということになります。

　そして、非上場会社については、その大部分が株式譲渡制限規定を置いているのが実態なのです（注5）。

　一般論としていえば、株式会社の規模が小さければ、発行している株式数も少ないでしょうし、その少ない株式を親族、知人で持ち合うという状況になります。

　この場合、見ず知らずの第三者がいきなり株主となり、株式会社の経営に口を挟むといったことが起きないように、親族等が保有する株式を第三者に譲渡（売却）する際には当該株式会社の承認が必要であるという仕組みが有用となってきます。これが株式譲渡制限規定なのです。

(3)　取締役と取締役会

S：会社の登記に関しては、常日頃から疑問に思っていたことを1点教えてください。

　ここ十年くらいの株式会社の登記を見ていて「何か今までのものと違うなぁ」と思っていたのですが、先ほど教授から例として挙げていただいた登記を見て気が付きました。

　「役員に関する事項」欄についてなのですが、この会社では、甲野太郎という人が1名だけで取締役と代表取締役を兼務しています。

このような形態の株式会社も認められるようになったのでしょう
　　か。
　　　また、そうだとすれば、この会社の取締役会はどのような構成に
　　なっているのでしょうか。
T：平成18年に施行された会社法の下では、このような株式会社も認
　　められるようになりました。
　　　具体的には、取締役を１名のみとし、その者を代表取締役にする
　　とともに、取締役会を置かないようにする株式会社が認められるよ
　　うになったのです。
S：そうだったのですか。それでは、先ほど教授が例として挙げられ
　　た登記の会社（第一電器株式会社）においては、取締役会が置かれ
　　ていないということになるのでしょうか。
T：そういうことになります。先ほど911条３項各号に掲げられた登
　　記事項の中でも、特に重要な事項をいくつか挙げましたが、それら
　　に加えて、
　　　○　取締役会設置会社であるときは、その旨（15号）
　　も押さえておいてください。
　　　したがって、取締役会が置かれているか否かについては、登記を
　　見れば分かるということになります。
　　　先ほど例として挙げた登記の中には「取締役会設置会社に関する
　　事項」欄がありませんので、この会社は取締役会が置かれていない
　　会社（「取締役会非設置会社」）ということになります。
　　　一方、登記に以下のような記載がある場合、この会社は、その記
　　載どおり取締役会が置かれている会社（「取締役会設置会社」）とい
　　うことになります。

商　号	第一電器株式会社
本　店	東京都中央区京橋一丁目１番１号

取締役会設置会社に関する事項	取締役会設置会社

登記記録に関する事項	設立　　　　　　　　　　　　　　　平成19年10月１日登記

（法務省のウェブサイトにおける商業登記記録例からの抜粋）

　そして、取締役会が置かれる場合には、取締役は３人以上でなければなりません（331条５項）。

　他方、取締役会を置かない場合には、取締役は１人いればよく（326条１項）、この１人の取締役が代表取締役となります。

　なお、これらの業務執行に関する機関についての会社法の規定は複雑ですが、その内容は重要ですので、条文の読み方も踏まえながら、制度の基本的な仕組みを中心に後ほど説明します（第２章　法人という法的技術とその業務執行）。

S：よろしくお願いします。株式会社の登記の内容を理解していくためには、株式会社について規定している会社法の基本的な仕組みや概念を知っておく必要があるということですね。

（注３）　『会社四季報』東洋経済新報社
（注４）　神田秀樹『会社法（第20版）』（弘文堂、2018年）７頁
（注５）　江頭憲治郎『株式会社法（第７版）』（有斐閣、2017年）８
　　　　頁、233頁

5　定款から

(1)　会社の定款

T：それでは前項から引き続いて、会社が関係する犯罪に対する捜査を進めていくとして、一つの節目になるのが捜索・差押えだと思いますが、Sさんは関係会社を捜索場所とする捜索差押許可状を請求したことがありますか。

S：はい。係が係なので、他部門にいる同期と比べても結構ある方だと思います。

T：それでは質問しますが、必ず「差し押さえるべき物」に記載され、しかもその冒頭に記載されるのが通常なものとしては、何が挙げられるでしょうか。

S：確か漢字2文字の言葉で……、あぁ思い出しました。
　「定款」です。

T：そうですね。「定款」とは、一言でいえば会社の根本規則（最も基本的な規則）のことであり、そこには、例えば、

　　○　株式会社制度の根幹をなす「株式」についての規定
　　○　株式会社の基本的事項について意思決定を行う「株主総会」についての規定
　　○　株式会社の業務執行を担う「取締役」や「代表取締役」についての規定

等が記載されています。

　先ほど、登記には会社の基本的で重要な事項が記載されている旨説明しましたが、定款にも登記に負けず劣らず基本的で重要な事項が記載されているのです。

S：それでは登記と定款では何が違うのですか。

結局ほとんど同じものであれば、登記を見ればこと足りるのではないですか。

T：確かに両者の内容については、事項自体が重複している場合もありますが（例えば「目的」、「商号」等）、違っている場合もあります。

また、理解しておいてほしいのは、事項が重複している場合であっても、登記には事実関係を主とした記載がなされていますが、定款には制度や仕組みを主とした記載がなされているということです。

定款は会社の根本規則であると説明しましたが、規則であるということは、定款が当該会社についての制度や仕組みを定めるものであるということにもなります。

(2) 定款と会社法

S：会社についての制度や仕組みを定めるものは「会社法」ではないのですか。

T：「会社法」が会社についての制度や仕組みを規定していることはもちろんなのですが、さらには「会社法」自身が至る所で「定款により一定の仕組みを定めることができる」旨定めていることは非常に重要であり、このことを「定款自治」といいます。

例えば、この条文です。

326条2項

「株式会社は、定款の定めによって、取締役会、会計参与、監査役、監査役会、会計監査人、監査等委員会又は指名委員会等を置くことができる。」

会社法は、商法の頃と比較してこのような規定をより多く条文の中に盛り込んでいますので（定款自治の拡大）、定款の重要性は、

より一層増しているといえます。

　そして、ある会社についてその組織や運営、あるいは誰にどのような権限があるのかについては、まずは定款の規定が根拠となり、その次に会社法の規定が根拠となります。

　言い方を換えれば、定款とは会社の組織や運営について最優先で適用されるミニ会社法であるともいえますが、それだけに定款は会社にとって非常に重要なものなのです。

S：それでは会社法を見るよりも、当該会社の定款を見て、それを理解した方が効率的ではないのですか。

T：そのとおりだと思いますよ。

　ただし、定款の内容を理解するためには、登記の場合と同様、会社法の基本的な仕組みや概念を知っておかなければならないことはいうまでもないでしょう。

第2章 法人という法的技術とその業務執行

　3条は、ほかの会社法の条文と比較すると非常に短い、シンプルな条文です。

> **第3条（法人格）**
> 　会社は、法人とする。

　また、2条1号は、会社の種類として株式会社等4つの会社を挙げています。

> **第2条（定義）**
> 　この法律において、次の各号に掲げる用語の意義は、当該各号に定めるところによる。
> 　1　会社　株式会社、合名会社、合資会社又は合同会社をいう。
> （2号以下　略）

　そして、株式会社が法人であるということは、株式会社制度を理解していく上での大前提となります。本章では、法人という法的技術が生み出す機能を前提にした上で、株式会社が法人であるがゆえに、株式会社の行為を担うものとして業務執行機関が必要であること等について説明していきます。

1　法人という法的技術

「法人」という言葉については、実生活の中でも見聞きしたり、あるいは自身で使ったことがある方もおられると思います。民法の基本書等においては、法人とは「自然人以外で、法律上の権利義務の主体となることを認められているもの」等と定義されますが、複雑な法律上の定義を覚える必要もありません。字のごとく「法による人」（＝法によって人と認められたもの）であると理解していただければ十分です。法人の定義の中では「自然人」という言葉が使われていますが、これは私たち人（人間）のことです。本来は人（人間）ではないものを法律によって人（人間）として扱っていこうというのが法人制度です。

> **One Point 解説**
>
> **自然人と法人（民法）**
>
> 　民法の目次を見てください。
> 　「第1編　総則」には「第2章　人」がありますが、この「人」とはまさに私たち人（人間）のことであり、自然人のことです。
> 　一方、法人については、同編に「第3章　法人」があります。

それでは、ここでちょっと考えてみてください。

> Q：法人の典型例として株式会社が挙げられますが、それでは、この法人である株式会社は、目に見える存在なのでしょうか。

答えは否です。法人とは、あくまでも法がつくり出した「人」のことであり、観念的な存在でしかありません。人類が頭の中でつくり出した概念、考え方であり、実際に目に見えるものではないのです。確

かに、「○○株式会社」という看板を掲げた会社の建物は存在しますし、そこでは多くの従業員が働いています。しかし、看板を掲げた建物自体は、「物」（不動産）そのものであり（民法85条、86条）、当然法人である株式会社ではありませんし、そこで働く従業員は、一人ひとりが自然人として存在しており、法人である株式会社そのものではないのです。

> **One Point 解説**
> 「社員」と「従業員」
> 　会社に勤めているサラリーマンのことを日常用語では「社員」といいますが、「社員」という言葉の会社法上の意味は出資者のことです。したがって、この場合には社員ではなく「従業員」とした方が法的には正確な表現といえます（なお、従業員については、会社法上「使用人」という言葉が使われています。）。

　それでは、なぜ目にも見えない、実体のない、観念的な存在でしかない法人という概念をつくり出す必要があったのでしょうか。

　答えは、権利義務関係の単純明確化です。

　ここで話を具体的にするために、民法（私法）の基本的法律関係を具体化した基本的設例を設定します。

（基本的設例）

不動産業者が、某所にある宅地建物をサラリーマンに販売した。

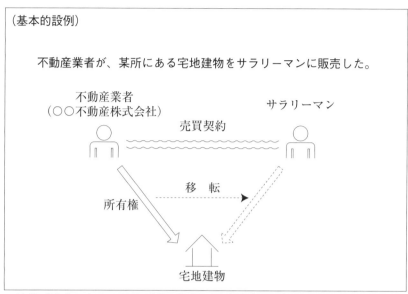

拙著『捜査のための民法［第3版］』（東京法令出版）P22から（一部改め）

　この基本的設例には「不動産業者」とありますが、現実には不動産業者は株式会社の形態を採っている場合が多いでしょうから、この場合には、基本的設例中「不動産業者」とあるのは「○○不動産株式会社」ということになります。しかし、これが株式会社の形態を採っていなかったとすれば、どのような不都合があるのでしょうか。

> Q：基本的設例の不動産業者が株式会社の形態を採らず、ＡＢＣ3名が共同で出資し合い、共同で不動産業を営んでいたとします（注）。
> 　サラリーマンに宅地建物が販売される前は、不動産業者が当該宅地建物を所有していますが、この場合における不動産登記簿の権利者（所有者）欄の表示はどうなるでしょうか。
> 　また、宅地建物販売にあたって作成される売買契約書の売主欄は、どのような表示となるでしょうか。

> （注）　法人形態を採らない出資のための法的仕組みの中で、最も基本的なものである民法上の「組合」を想定してください（第3章　株式という法的技術とその機能　P65）。

　土地や建物について所有権を有している者は誰なのかを公示するものが不動産登記簿であり、所有権に関する登記は［権利部（甲区）］欄になされます。質問のケースの場合、宅地建物は組合の財産であり、出資者である組合員ＡＢＣ3名の共同所有ということになりますので、その登記は以下のようになります。

| ○ | 所有権移転 | 平成17年7月8日
第7ＸＸ3号 | 原因　平成17年7月8日売買
共有者　東京都文京区小石川○丁目○番○号
　　　　持分3分の1　　Ａ
　　　　東京都新宿区百人町○丁目○番○号
　　　　持分3分の1　　Ｂ
　　　　府中市朝日町○丁目○番○号
　　　　持分3分の1　　Ｃ |

※　便宜上、宅地建物が組合の財産となった部分のみの抜粋としました。持分については平等であると想定しています。

　また、売買契約書の売主欄についても、不動産登記簿の場合と同様ＡＢＣ3名の連名となるでしょう。
　そして、出資者の人数が3名程度であれば、不動産登記簿の権利者欄にしても、売買契約書の売主欄にしても、若干煩雑ではありますがこの程度で済みます。しかし、出資者数が2桁、3桁、あるいはそれ以上ともなると、不動産登記簿等の表示は膨大なものとなり、それに伴う事務処理も非常に煩雑なものとなります。したがって、権利義務

関係を単純明確化するために、出資者とは別の、個々の出資者とは一旦切り離した、単一の法人格（権利義務の主体）をつくって、それに権利義務（所有権や債権・債務）を帰属させてしまおうという考え方―法人制度―が出てくるわけです。

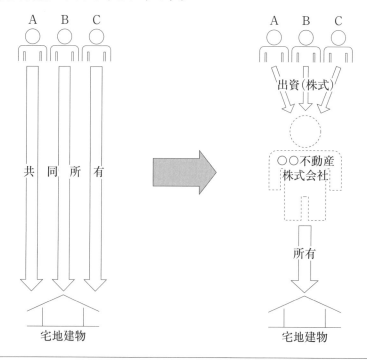

Q：目に見えない、観念的な存在でしかない法人（株式会社等）の存在を、我々がしっかりと認識できるような方法として何があるでしょうか。
　　ｃｆ．民法の基本的概念である所有権の場合には……？

　私法の中心に位置するのは民法であり、その民法を支える基本的概念の一つが「所有権」ですが、この所有権も観念的な、人類が頭の中でつくり出した概念、考え方であり、目に見えるものではありません。したがって、所有権の所在を公示（公に示す）する必要がありま

すが、不動産の所有権を公示するものが不動産登記簿です。同様に株式会社等を公示するものが商業登記簿であり、株式会社については、株式会社登記簿に一定の事項が記録されることとなります。

2 業務執行という概念

(1) 問題の所在

それでは、株式会社に代表される法人が観念的な存在でしかないのであれば、その業務は誰がどのように行っていくのでしょうか。例えば前記基本的設例においては、○○不動産株式会社は、どのようにして宅地建物をサラリーマンに販売する（宅地建物の所有権をサラリーマンに移転させる）のでしょうか。より具体的には、宅地建物を販売するという意思決定や契約交渉、契約の締結、債務の履行等の各種業務について、○○不動産株式会社は、どのようにしてそれらの意思決定や行為を行っていくのでしょうか。

自然人（人間）であるサラリーマンであれば、まさに自身がこれらの意思決定や行為を行っていけばよいわけです。

しかし、法人である株式会社が観念的な存在でしかない以上、これらの意思決定や行為をやってくれる人間（自然人）の存在が、株式会社にとってどうしても必要になってきます。それが株式会社における代表取締役等であり、業務執行機関といわれるものです。

> **One Point 解説**
> 「機関」という概念
> 　会社法の目次を見ると、「第2編　株式会社」には「第4章　機関」があり、代表取締役等の業務執行機関に関する規定も同章の中にあります。

一方、会社であっても、株式会社以外の合名会社・合資会社・合同会社（P34）は、「持分会社」と総称され（575条1項）、株式会社よりもずっとシンプルな法制度として設計されています。具体的に、会社法の目次（編別）と、それに対応する条文を以下に記します。

第1編	総則	1条〜24条
第2編	株式会社	25条〜574条
第3編	持分会社	575条〜675条
第4編	社債	676条〜742条
第5編	組織変更、合併、会社分割、株式交換及び株式移転	743条〜816条
第6編	外国会社	817条〜823条
第7編	雑則	824条〜959条
第8編	罰則	960条〜979条

　このように、株式会社と比較して持分会社の条文数は格段に少なくなっています。そして、持分会社を規定する第3編の中には「機関」という言葉は出てきません。出資者である「社員」（P36 One Point解説）が自ら業務を執行し（590条等）、その他の機関を必要とする制度設計となっていないからです。これに対して株式会社は、株式の譲渡性や企業規模に応じて、業務執行機関を始めとする様々な機関を設置することができる制度設計となっています（本章、第8章）。

(2) 「業務執行」概念の理解（2つの面から）

　「業務執行」の意味については、字義どおり「（株式会社の）業務を執行すること」と理解していただければ足りるのですが、ただし、2つの面からその概念を理解しておくことが重要です。

　① 業務執行に関する意思決定

　実際に業務を執行するためには、その前提として当該業務執行についての意思決定がなされていなければなりません。例えば前記基本的設例において、自然人であるサラリーマンが○○不動産株式会社と不動産売買契約を締結するためには、そもそもサラリーマン自身が「この不動産について○○不動産株式会社と売買契約を締結しよう」という意思を決定しておく必要があります。自然人であれば意思決定とそれに基づく行為（業務執行）については1人の人間に帰することから、当たり前のことについて何を迂遠な説明をしているのだと思われるでしょうが、法人である株式会社については、業務執行に関する意思決定を行う機関を、業務執行機関とは分けて別に設置している場合があります（取締役会）。

　なお、条文においては、業務執行そのものについては「業務（を）執行」（348条1項、363条1項）という言葉が用いられ、業務執行に関する意思決定については「業務執行の決定」（362条2項1号）という言葉が用いられています。

　② 対外的な業務執行（代表）

　業務執行をその内容でみると、各種帳簿の作成、商品の製造や加工等といった株式会社内部で完結する業務執行もあれば、一方で、前記基本的設例のように、○○不動産株式会社が対外的に権利を得、義務を負う業務執行もあります。前記基本的設例における法律関係（所有

権移転と債権・債務）をまとめれば以下のとおりとなります。

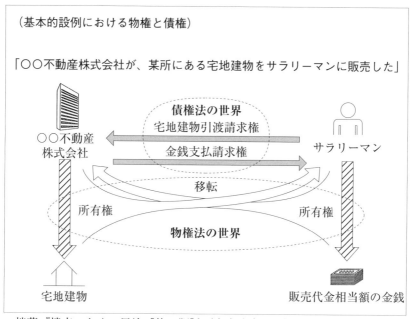

拙著『捜査のための民法［第3版］』（東京法令出版）P33から（一部改め）

　このように業務執行の内容によっては、株式会社が対外的に取引を行い、権利を得、義務を負う業務執行もありますが、このような対外的な業務執行のことを「代表」（株式会社を代表する）といいます。

◎　対外的な業務執行（代表）

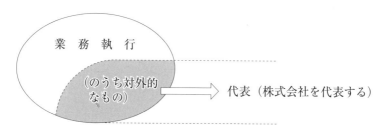

　そして、業務執行の中でも、とりわけ「代表」を念頭に置いて考え

れば、「株式会社の行為」というものについてイメージしやすいと思います。例えば前記基本的設例においては、○○不動産株式会社は、サラリーマンに宅地建物を販売しますが、その際に作成される売買契約書の売主欄には、

　　　　　「○○不動産株式会社　　代表取締役○○○○」

との記載がなされます。このことが示しているように、株式会社を代表する権限（代表権）を有する機関（代表取締役）の行為を、株式会社そのものの行為とみなしていくわけです。

　株式会社の業務執行については、対外的な業務執行にわたるものもあれば、そうではないもの（対内的な業務執行にとどまるもの）もありますが、株式会社1人（法人1人）の中に両者は混在していることから、業務執行権を有する機関（すなわち業務執行機関）には代表権を付与しておいた方が、制度としてはすっきりしているといえるでしょう。ただし、会社法は、代表権のない業務執行機関を設けることも可能としています。

(3) 業務執行権がある（業務執行機関である）ということの意義

　ところで、ここまでの説明を読まれた方の中には、次のような疑問を抱いた方もおられるのではないでしょうか。

> Q：株式会社の業務執行機関である代表取締役は、業務執行の全てを自らが行わなければならないのでしょうか。例えば、具体的な契約の交渉や締結、契約成立後の事務処理等についても、代表取締役が自ら行わなければならないのでしょうか。

　そのようなことは事実上不可能です。非常に零細な株式会社であればそのようなこともあり得ますが、ちょっとした規模以上の株式会社であれば、そのようなことはまず無理でしょう。

そして、だからこそ株式会社には従業員（使用人）がいるのです。質問の後段部分で掲げた具体的で細かな業務執行については、その大部分のものが代表取締役の指示や命令を受けた従業員により実行されます。この指示や命令については、会社規模や取扱い案件によって抽象的な内容である場合もあるでしょうし（会社内規であらかじめ定めている場合もあります。）、具体的で細かな内容である場合もあるでしょう。また、代表取締役以下、階層的になされる場合も多いでしょう。

　要するに「代表取締役等の業務執行機関は、その有する業務執行権の一部を各従業員に付与することにより、各従業員をして業務を執行させることが可能となる」ということです。表現を換えますと、業務執行機関の有する業務執行権とは、各従業員の有する仕事上の権限の源泉のようなものであるともいえます。

One Point 解説

従業員による株式会社の代理

　業務執行が対外的なものである場合には、前述したとおり「代表権（対外的な業務執行権）を有する機関（代表取締役）の行為を株式会社そのものの行為とみなしていく」のですが、現実的にはほとんどの場合、代表取締役から代理権（民法99条以下）を与えられた従業員が株式会社のために業務を執行することになります。代理権を与えられた従業員は、取引先との間で契約締結等の業務を行いますが、これにより株式会社自身が直接取引先に対して権利を得、義務を負うことになります。

3　株式会社における業務執行

(1)　取締役会設置会社と取締役会非設置会社

　以下、株式会社における業務執行について具体的に説明していきますが、その前提として、特に重要な株式会社の分類概念—取締役会設置会社・取締役会非設置会社—について説明しておきます。
　「第1章　捜査と会社法」における登記のところでも説明したとおり（P28・29）、現行会社法の下では取締役会が置かれていない株式会社も存在します。かつては株式会社には取締役会が必ず置かれておりましたが、現行会社法の下では、取締役会を置くか否かはそれぞれの株式会社の判断に委ねられています。

> 第326条（株主総会以外の機関の設置）
> ①　株式会社には、1人又は2人以上の取締役を置かなければならない。
> ②　株式会社は、定款の定めによって、取締役会、会計参与、監査役、監査役会、会計監査人、監査等委員会又は指名委員会等を置くことができる。

　そして、取締役会が置かれている場合には、当該会社の定款にその旨が規定され（例えば「当会社には取締役会を置く。」等）、登記にもその旨記載されています。
　一方、P24に掲載した登記を再度見てください。そこには、「取締役会設置会社に関する事項」欄はありませんので、この会社には取締役会は設置されていないということになります。
　そして、前者のように取締役会が置かれている株式会社のことを「取締役会設置会社」といい、後者のように取締役会が置かれていな

い株式会社のことを「取締役会非設置会社」、あるいは「非取締役会設置会社」といいます（本稿では、以下「取締役会非設置会社」の方を使っていくことにします。）。

> 株式会社の組織構成（機関設計）を理解する上での第一歩
> 　→取締役会設置の有無
> 　　→取締役会設置会社 or 取締役会非設置会社

One Point 解説

会社法における機関設計

　前記326条を再度見てください。会社法は、全ての株式会社に（株主総会と）取締役を置かなければならないとした上で、一定のルールの下で、同条2項に掲げる機関を置くのか否かについては、それぞれの株式会社の自由に委ねています。その一定のルール（327条、328条）づくりに用いられている重要な概念が、「公開会社・非公開会社」と「大会社・非大会社（中小会社）」です（第8章　その他の重要な概念や制度）。

　若干付け加えておきますと、全国に存在する株式会社のうちほとんどのものは、非公開会社であるとともに、中小会社でもあります。この場合には、会社法は、それぞれの株式会社が選択できる機関設計の幅を最大限広いものとしています。

　なお、私たち捜査をする側としては、自らが起業し、会社を設立するわけではありませんから、このようなルールの詳細について知っておく必要はあまりないでしょうし、また、登記を見れば、ルールにのっとって定款により設計済みの機関が公示されています。

(2) 取締役会非設置会社における業務執行

　一般的には、会社規模が小さければ小さいほど取締役会が置かれていない（取締役会非設置会社である）傾向が強いといえますが、会社法は、取締役会非設置会社をもって株式会社における機関設計の原則タイプとしています。しかも、この形態の方が構造的にシンプルでもありますので、最初に取締役会非設置会社の方から説明することにします。まずは条文から確認しましょう。

第348条（業務の執行）
① 取締役は、定款に別段の定めがある場合を除き、株式会社（取締役会設置会社を除く。以下この条において同じ。）の業務を執行する。

第349条（株式会社の代表）
① 取締役は、株式会社を代表する。ただし、他に代表取締役その他株式会社を代表する者を定めた場合は、この限りでない。
（②項　略）
③ 株式会社（取締役会設置会社を除く。）は、定款、定款の定めに基づく取締役の互選又は株主総会の決議によって、取締役の中から代表取締役を定めることができる。

　348条1項においては、括弧書きを用いて「株式会社（取締役会設置会社を除く。）」とありますが、これは文字どおり取締役会非設置会社のことを指していますので、この条文は、取締役会非設置会社においては取締役が業務執行権を有する旨定めていることになります。

第2章　法人という法的技術とその業務執行　49

> **One Point 解説**
>
> **取締役会非設置会社における「業務執行に関する意思決定」**
>
> 　前節で説明したとおり、「業務執行」の前提として「業務執行に関する意思決定」が必要でしたが、348条1項については、取締役が「業務執行に関する意思決定」についても包括して行う旨定めたものであると解されています。
>
> 　一方、後述する取締役会設置会社においては、「業務執行に関する意思決定」を取締役会が行い、それに基づき代表取締役が「業務執行」を行うように制度設計されています。

　続いて349条1項本文は、取締役会非設置会社においては取締役が代表権（対外的な業務執行権）を有する旨定めています。そこには、348条1項のように、括弧書きを用いて取締役会非設置会社に限定する旨の記載はありません。ただし、349条1項ただし書を見ますと、代表取締役を定めた場合、すなわち取締役会設置会社の場合（後述しますが、取締役会設置会社の場合には、代表取締役を選定しなければなりません。）には本文の適用がない旨定めています。したがって、349条1項本文については、取締役会設置会社以外のもの、すなわち取締役会非設置会社についての規定ということになります。

　ただし、取締役会非設置会社における実務の実態としては、349条3項に基づき、

- 「当会社の取締役が1名のときは、当該取締役を代表取締役とする。」
- 「当会社の取締役が2名以上のときは、取締役の互選により代表取締役1名を定める。」

等の定款規定が置かれていることが多いようです。このような定款規定が置かれている場合には、349条1項ただし書に該当し、代表取締

役として定められた取締役以外の取締役については、代表権がないことになります。

(3) 取締役会設置会社における業務執行
　① 業務執行に関する意思決定機関としての取締役会

　前述のとおり、会社規模が小さいほど取締役会非設置会社である傾向が強いとはいえますが、それでは小規模の株式会社がほとんど取締役会非設置会社であるかといいますと、必ずしもそうではなく、小規模の株式会社であっても取締役会が置かれていることは結構あります。また、上場会社に代表されるような一流企業については、そのほぼ全てが取締役会設置会社です。

　そして、前節でも説明したとおり、「業務執行」の前提として「業務執行に関する意思決定」が必要でしたが、取締役会設置会社においては、この意思決定を会議体である取締役会が行います。

第362条（取締役会の権限等）
① 取締役会は、すべての取締役で組織する。
② 取締役会は、次に掲げる職務を行う。
　1　取締役会設置会社の**業務執行の決定**
　2　取締役の職務の執行の監督
　3　代表取締役の選定及び解職
③ 取締役会は、取締役の中から代表取締役を選定しなければならない。

　取締役会は、3人以上の取締役から構成される（331条5項）、そのもの自体が一つの、株式会社の機関です。それぞれの取締役は、あくまでも取締役会を構成するメンバーでしかなく、取締役自体が機関になるわけではありません。

> **One Point 解説**
> 取締役の人数
> 　会社法は、取締役の人数を、取締役会設置会社の場合には3人以上、取締役会非設置会社の場合には1人以上としていますが（326条1項）、実務ではこれを受けて、取締役の人数を定款で定めています。この場合には、会社法の規定のように「～名以上」とすることもあれば、「～名以内」とすることもあります。

　取締役会の開催については、通常「取締役会規則」と呼ばれる内部規則で定められています。一般的には、定例のものは毎月1回、臨時のものは必要に応じて開催される旨規定されていることが多いようです。

　そして、取締役会において議論され、意思決定されたことを、代表取締役等が実行していきます。

> **One Point 解説**
> 取締役会の決議
> 　取締役会の決議については、369条1項が、定足数を過半数とし、決議要件を過半数とする旨定めています。各会社の定款においては、この旨を確認的に規定する記載例が多いようです。

　② 業務執行機関としての代表取締役等

　取締役会設置会社における「業務執行」を行う機関については、会社法は以下のように定めています。

第363条（取締役会設置会社の取締役の権限）
① 次に掲げる取締役は、取締役会設置会社の業務を執行する。

> 1 代表取締役
> 2 代表取締役以外の取締役であって、取締役会の決議によって取締役会設置会社の業務を執行する取締役として選定されたもの

　代表取締役とは、字義どおり「会社を代表する取締役」のことであり（47条1項には「代表取締役（株式会社を代表する取締役をいう。）」とあります。）、取締役会により取締役の中から選ばれます（前記362条2項3号、3項参照）。

　一方で、363条1項2号は、いわゆる「業務担当取締役」について規定しています。「業務執行」を代表取締役だけでは担いきれない場合には、業務担当取締役を選定し、この者にも業務の執行をさせていこうというのがその趣旨です。

　ただし、代表取締役がその言葉どおり「会社を代表する取締役」である―すなわち代表権がある―のに対し、業務担当取締役には代表権はありません。業務担当取締役が有する業務執行権は、あくまでも対内的な業務執行権であり、対外的な業務執行権（代表権）は有していないのです。

One Point 解説

役付取締役

　ただし、業務担当取締役には一定範囲の代理権が与えられているのが通常です。よく「専務取締役」や「常務取締役」という肩書きを持った取締役（役付取締役）のことを見聞きしますが、こういった人たちがそれに該当してきます。

　ただし、専務取締役や常務取締役であっても、代表権を有している場合もあり得ます。したがって、

> ○代表取締役を複数人置き、それに社長、副社長、専務取締役、常務取締役等の名称を付す場合
>
> もあれば、
>
> ○代表取締役を、例えば1人程度に限定し、他の業務担当取締役には専務取締役、常務取締役等の名称を付すとともに、業務の都合上、それらにも一定範囲の代理権を与える場合
>
> もあります。
>
> なお、代表権の有無（代表取締役か否か）については、登記を見れば分かります。

③　代表取締役等による業務執行の実際

ところで、取締役会が複数の取締役から構成される会議体の機関であり、定例あるいは臨時に開催され、そこでの議論を踏まえた後、業務執行についての意思決定がなされるものである以上、会社の規模にもよるのでしょうが、業務執行の全てについて取締役会で逐一意思決定がなされていくのには無理があります。したがって、**普段日常の業務執行については、業務執行の前提となる意思決定についても、代表取締役や業務担当取締役に委ねられていると解されています。**

ただし、362条4項が掲げる重要な業務執行については、必ず取締役会が意思決定をしなければならず、定款によってもその意思決定を代表取締役等に委ねることはできません。

また、362条4項が掲げる事項以外にも、会社法は、いくつかの事項を取締役会の意思決定事項としていますし、これら会社法が定めるもの（法定決議事項）以外のものについても、取締役会の決議事項とすることは可能です。

実務上は、取締役会が意思決定すべきこれらの事項（決議事項）に

ついては、「取締役会規則」に記載されていることが通常ですので、
- 取締役会規則において取締役会決議事項とされている事項
  →取締役会による意思決定
- それ以外の、日常の業務執行についての意思決定
  →代表取締役・業務担当取締役による意思決定

ということになります。

> **One Point 解説**
>
> **取締役会決議に基づく代表取締役等による業務執行**
>
> 　取締役会規則において取締役会決議事項とされている事項については、取締役会による意思決定がなされ、その意思決定に基づき代表取締役等が業務執行を行います。
>
> 　ただし、決議事項の内容にもよるのでしょうが、この場合であっても、現実には、取締役会による意思決定は、基本的な枠組みを示す範囲内のものにとどまり、細部については代表取締役等に委ねられることが多いようです。

それでは、この項目の最後として取締役会設置会社の登記を掲げておきます。スペースの関係もあり、「役員に関する事項」欄の一部と「取締役会設置会社に関する事項」欄のみ掲げておきます。

役員に関する事項	取締役	甲　野　太　郎
	取締役	乙　野　次　郎
	取締役	丙　野　五　郎
	東京都大田区東蒲田二丁目３番１号 代表取締役　　　甲　野　太　郎	

	東京都文京区目白台一丁目21番5号 代表取締役　　　乙　野　次　郎
取締役会設置会社に関する事項	取締役会設置会社

（法務省のウェブサイトにおける商業登記記録例からの抜粋）

　これを見ていただいてもお分かりのとおり、この株式会社には代表取締役が2人います。代表取締役の人数は限定されておらず、1人でも複数でもよいということです（P52「One Point 解説　役付取締役」）。

One Point 解説

特別背任罪の捜査と取締役会議事録

　960条以下には会社法の罰則規定が列挙されていますが、それらの中でも捜査実務上問題になることが多いものとしては、960条1項3号の「取締役」による特別背任罪がありました（P3）。そして、同号は単に「取締役」と規定していますが、これには本文中で説明した代表取締役や業務担当取締役も当然該当してきます。会社を代表する取締役である代表取締役も、会社の業務執行権（対内的）を有する取締役である業務担当取締役も、その前提として「取締役」であることにはかわりがないからです（363条1項の規定ぶりを再度確認してください。）。

　そして、特別背任罪での擬律を検討するような代表取締役等による不正取引については、当該不正取引の規模、内容等によっても左右されますが、当該取引について取締役会の承認（決議）を必要とするものもあるでしょう。一方、どのような取引を取締

役会の決議事項にするのかについては、各会社とも法定決議事項を基本にしながら、取締役会規則において具体的に定めているところですが、実務上は金額基準も付された取引類型（例：「5,000万円以上の債務保証」等）別に列挙していることが多いようです。

　そして、代表取締役等が特別背任罪に該当するような不正な取引を行う際には、取締役会の承認を得ないまま当該取引を敢行することもあり得ますが、この場合、取締役会の承認を得ていないという事実は、特別背任罪の構成要件（4要件）の一つである「任務違背行為」の要件を判断する際の重要な要素となります。したがって、取締役会議事録の内容を把握し、当該取引についての取締役会承認の有無を確認することは、この種事案に対する捜査の第一歩であるといえるでしょう。

第369条（取締役会の決議）
③　取締役会の議事については、法務省令で定めるところにより、議事録を作成し、議事録が書面をもって作成されているときは、出席した取締役及び監査役は、これに署名し、又は記名押印しなければならない。

第3章 株式という法的技術とその機能

　前章では、株式会社制度を理解する上で大前提となる概念、考え方として「法人」という法的技術を取り上げ、それと関連づけながら株式会社の行為を担う業務執行機関について説明しました。続いて本章では、株式会社制度の根幹をなす「株式」という法的技術―このことは「株式」会社という言葉にも表されていますが―これを取り上げて説明していきます。

　会社法の基本書等を見ますと、「株式」の定義については、

　　○　株主としての地位（であり、）
　　○　細分化された割合的単位の形（をとっているもの）

というように、二つの要素に分けて定義づけされていることが多いようです。このうち前者が意味するところを、より具体的に表現すれば、

　　○　権利の総体としての「株式」（権利性）

ということであり、後者が意味するところを、より簡潔に表現すれば、

　　○　単位としての「株式」（単位性）

ということになります。

One Point 解説

「株式」と「株」

　「株」という言葉は、「株式」のより一般的な呼び名のことです。本書では、会社法上の用語である「株式」の方を使っていく

ことにします。

1 権利の総体としての「株式」

　会社法の基本書等においては、「株式」の定義を「株主としての地位」としていますが、ここで使われている「地位」という言葉については、どのように理解すればよいのでしょうか。

　これについては、株主は法人である株式会社に対して様々な権利を有していますが、これらの権利を一つにまとめたもの（総体）を「地位」という言葉で表現しているのだと理解してください。株主が株式会社に対して有する様々な権利のうちで代表的なものとしては、「剰余金配当請求権」と「株主総会における議決権」の二つが挙げられます。

> 第105条（株主の権利）
> ①　株主は、その有する株式につき次に掲げる権利その他この法律の規定により認められた権利を有する。
> 　1　剰余金の配当を受ける権利
> 　2　残余財産の分配を受ける権利
> 　3　株主総会における議決権

　話が前後しますが、本章の「3　『出資』単位としての株式」でも説明しますように、「資金を元手にして事業を行い、それによって生じる利益の獲得を目指していく」というのが出資の基本的な構図であり、その法的仕組みとして代表的なものが株式会社です。そして、株式会社の事業によって生じた利益を株主に分配することを、会社法上は「剰余金の配当」といいます。また、前章では、株式会社の業務執

行について説明しましたが、業務執行よりも高いレベルの、基本的で重要な会社の意思決定を行う機関が株主総会であり、そこでは株主が株主総会において議決権を行使することにより、会社としての意思決定がなされていきます。この二つの権利を中心にして、その他の株式会社に対する権利をまとめて法律上の地位（総体）として構成したものが「株式」なのです。

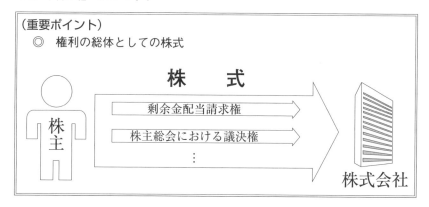

なお、「株主」という言葉は、「株（株式）の持ち主」、すなわち「株式を有する者（保有する者）」を意味します。「株式を所有する者」と表現することも可能なのですが、株式自体が権利（の総体）ですので、債権者のことを「債権を所有する者」とはいわず、単に「債権者」あるいは「債権を有する者」というように、「株式を有する者」という表現の方が妥当で、分かりやすいのではないかと思います。

OnePoint 解説

物権・債権と株式

　物を支配する権利である「物権」（その代表格は「所有権」）と、人に請求する権利である「債権」は、民法だけではなく私法全般を支える基礎的かつ重要な権利概念です（拙著『捜査のための民法［第3版］』P26等）。

一方、株式は、株主の会社に対する様々な権利を一つにまとめたもの（総体）であり、株式会社制度を支える重要な権利概念なのですが、法律上の概念として整理した場合、これは物権に分類されるものでもなければ、債権に分類されるものでもありません。物権や債権とは別個の、会社法制上の独自の権利概念として整理されるものです。
　なお、会社法制を含む企業の法律関係においては、頻繁に「債権・債務」という言葉が使われますが、ほとんどの場合、それは「金銭債権・金銭債務」のことを指しているのだと考えていただければ理解が容易になると思います。

2　単位としての「株式」

　「株式」の定義を構成するもう一つの要素は、「細分化された割合的単位の形」でした。もっとも「細分化された割合的単位の形」などと言われると何やら難しく聞こえますが、これは要するに「株式は単位である」ということです。通常「単位」という言葉は、数量をはかる基準のことを意味しますが、株式が単位であるということは、端的に言えば、「1株、10株、100株」という数え方を行うということであり、また、量的にも「10株は1株の10倍」であり、「100株は1株の100倍」であるということです。
　株式の総数は、各会社ごとに決められており、第1章で示した登記記録例の一部を再掲しますと、

第3章　株式という法的技術とその機能　　61

株式会社の登記記録例

商　　号	第一電器株式会社
本　　店	東京都中央区京橋一丁目1番1号

発行可能株式総数	400株
発行済株式の総数並びに種類及び数	発行済株式の総数 200株

登記記録に関する事項	設立 　　　　　　　　　　　平成19年10月1日登記

（法務省のウェブサイトにおける商業登記記録例からの抜粋）

この株式会社の株式総数は、「発行済株式の総数並びに種類及び数」欄に記録されている、

　　　　発行済株式の総数

　　　　200株

ということになります。

One Point 解説

「発行済株式の総数」と「発行可能株式総数」

　「発行済株式」は、文字どおり「発行済みの株式」、それはすなわち既に発行して現在ある株式のことですので、その総数ということは、現在ある株式の総数のことを意味します。

　なお、その上欄には「発行可能株式総数」として「400株」とあります。「発行可能株式総数」とは、これも文字どおり「発行することが可能な株式の総数」のことですので、登記記録例の株式会社は、トータルで400株まで株式を発行することができます。登記記録例の株式会社は、現在200株ほど株式を発行しています

ので、400−200＝200株までならば、将来株式を発行することが可能ということになります。

　発行済株式総数が200株であるということは、株式が200株（より端的には200個）あるということであり、その200株の株式を、各株主が何株かずつ保有することになります。

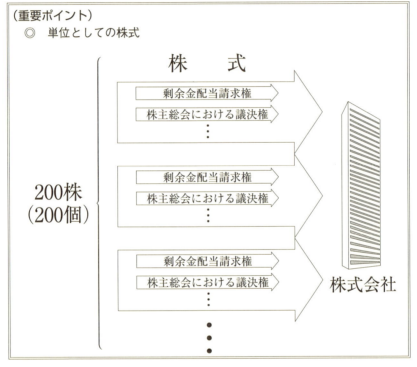

（重要ポイント）
◎　単位としての株式

　例えば、株主200人がそれぞれ1株ずつ保有する場合もあるでしょうし、あるいは、株主3人が100株、60株、40株ずつ保有する場合もあるでしょう。ここで前節の話を思い出してほしいのですが、剰余金配当請求権や株主総会における議決権等の権利の総体である株式が、一方で単位でもあるということは、その単位数に比例してこれらの権利も認められるということになります。

最も分かりやすい例が議決権です（議決権の単位）。

第308条（議決権の数）
① 株主は、株主総会において、その有する株式1株につき1個の議決権を有する。
（注）読みやすさを優先させるために、括弧書きの箇所とただし書を省略しました。

このことを「1株1議決権の原則」といいます。

前記登記記録例の株式会社は、発行済株式総数が200株でしたので、この場合には、議決権が全部で200個あることになります。

そして、先ほどの例でいえば、株主200人がそれぞれ1株ずつ保有している場合には、各株主の有する議決権は1個（1／200、全体の0.5％）です。また、株主3人が100株、60株、40株ずつ保有している場合には、

　　○　100株を保有する株主→100個（100／200、全体の50％）
　　○　60株を保有する株主→60個（60／200、全体の30％）
　　○　40株を保有する株主→40個（40／200、全体の20％）

ということになります。

　※　株主総会の決議方法
　　株主総会の決議は多数決によって行われますが、定足数や決議要件（「過半数」や「2／3以上」等）については、決議の内容により異なります（普通決議、特別決議等）。これについては、次章で説明します。

次は剰余金配当請求権です（配当の単位）。
条文の構成がちょっと複雑ですが、丁寧に順を追って読んでみてく

ださい。

> **第453条（株主に対する剰余金の配当）**
> 　株式会社は、その株主（当該株式会社を除く。）に対し、剰余金の配当をすることができる。

> **第454条（剰余金の配当に関する事項の決定）**
> ①　株式会社は、前条の規定による剰余金の配当をしようとするときは、その都度、株主総会の決議によって、次に掲げる事項を定めなければならない。
> （1号　略）
> 　2　株主に対する配当財産の割当てに関する事項
> （3号　略）
> （②項　略）
> ③　第1項第2号に掲げる事項についての定めは、株主の有する株式の数に応じて配当財産を割り当てることを内容とするものでなければならない。
> （注）③（3項）については、読みやすさを優先させるために括弧書きの箇所を省略しました。

　このように各株主は、原則としてその有する株式の数に応じて剰余金の配当を受けることになりますが、このことは、株式数が配当の単位として機能していることにほかなりません。

　以上、議決権と剰余金配当請求権を取り上げて「単位としての株式」、すなわち株式の数に比例してこれらの権利が認められることについて説明してきましたが、このことを総括するのが「株主平等の原則」です。

> 第109条（株主の平等）
> ①　株式会社は、株主を、その有する株式の内容及び数に応じて、平等に取り扱わなければならない。

　換言すれば、先ほど挙げた308条1項や454条3項は、109条1項を具体化したものであるといえます。

3　「出資」単位としての株式

(1)　出資のための法的仕組み

　議決権や配当の単位として機能する株式は、「出資」の単位としても機能します。このことを説明する前提として、まずは「出資」の意義とそのための法的仕組み、そして「出資」をした者すなわち出資者の責任について説明しておきます。

　「出資」とは、字のごとく「資金（あるいは資本、さらに平たく言えば「元手」のこと）を出す（拠出する）こと」です。何のために資金を出すのかといいますと、それは事業を行うためです。「資金を元手にして事業を行い、それによって生じる利益の獲得を目指していく」というのが出資の基本的な構図です。

　そして、出資のための法的仕組みとしていくつかの制度があるところ、その中で最も基本的なものとしては、私法の基本法である民法が規定する「組合」制度が挙げられます。

> 民法
> 第667条（組合契約）
> ①　組合契約は、各当事者が出資をして共同の事業を営むことを約することによって、その効力を生ずる。

組合においては、出資者は組合員と呼ばれ、組合の事業により利益が生じた場合には、組合員は、原則として出資額に応じて利益の分配を受けることになります（民法674条1項）。

一方、出資のための法的仕組みとして、現代の経済社会において最も隆盛を誇っているものは、会社法が規定する「株式会社」制度です。株式会社においては、出資者は株主（株式を有する者）であり、株式会社の事業により利益が生じた場合には、各株主は、原則として所有する株式の数に応じて利益の分配を受けることになります（前掲453条、454条1項2号、同条3項。P64）。

以上のように、組合、株式会社ともに出資のための法的仕組みではありますが、その基本的な構造については決定的な違いがあり、第2章においても説明したとおり、株式会社は法人ですが、組合は法人ではありません（P34）。株主の出資により、会社財産が形成され、それを元手に事業が展開されますが、これらの会社財産を所有するのは、出資者である株主ではなく、**株式会社自身**です。

他方、組合が法人ではない（法人格がない）以上、組合員の出資により形成された財産の集まり、すなわち組合財産を所有するのは全組合員であり、この場合の所有関係は、共同所有（共有）ということになります。（民法668条）。

One Point 解説
企業形態としての組合

私たちの身のまわりの企業形態を見ても、株式会社と比較して組合は圧倒的に少ないといえるでしょう。

ただし、株式会社ほどではないにしても、組合が事件の舞台になることはあります。その典型は、共同企業体（ジョイント・ベンチャー）です。公共工事発注をめぐる贈収賄事件においては、

> 贈賄側（業者）が共同企業体を形成していることがありますが、この共同企業体の法的仕組みとして採られているのが組合です。組合員（出資者）については、普通であれば自然人を想定するところですが、自然人だけではなく、法人も組合員になることができますので、共同企業体においては、法人（株式会社）である複数の建設会社が組合員となり、共同で工事を行っていくために組合契約を結ぶことになります。

(2) 出資者の有限責任・無限責任

　続いて、出資者の責任についてですが、これは「株式会社や組合等の債務について出資者がそれを弁済する責任を負うのか（出資者の責任は出資額に限定されるのか否か）」という問題です。

　前述したとおり、「資金を元手にして事業を行い、それによって生じる利益の獲得を目指していく」というのが出資の基本的な構図なのですが、事業が失敗し、利益が生じるどころか逆に大きな損失が生じてしまう―債務（借金）ばかりが膨れあがってしまう―こともあり得ます。この場合、会社財産や組合財産でその債務を弁済できればよいのですが、それでも弁済しきれない場合には、会社や組合の債権者は、その残額を誰に請求し、弁済させることができるのかという問題が生じてきます。

　この問題につき組合の場合には、出資者である組合員は、残額の債務について弁済する責任を負います（無限責任）。一方、株式会社の出資者である株主は、残額の債務について弁済する責任を負いません。株主の責任は出資額に限定される、すなわち言い方を換えれば、株主の責任は出資をしたことに尽きているので、残りの債務について弁済する責任はないのです（有限責任）。これについては、104条が以

下のように定めています。

> 第104条（株主の責任）
> 　株主の責任は、その有する株式の引受価額を限度とする。

　条文中「株式の引受価額」という言葉が出てきますが、これは「株式の引受け」（後述P99）という概念に由来するもので、「株式の引受価額」とは「引き受けた株式の価額（平たく言えば値段）」を意味します。そして、それは「出資額」（出資した額）のことを意味しますので、104条は、株主の責任が出資額を限度とすること（株主の有限責任）を定めた規定であるということになります。結果として、株式会社の債権者は、債権の残額について株主から弁済を受けることはできませんので、基本的にはその回収を断念せざるを得ないことになります。

　なお、出資者の有限責任といえば、身近な例として「有限会社」を連想する読者の方もおられると思いますが、「有限会社」制度を定めていた有限会社法は、会社法の制定に伴い廃止されました（P25）。

One Point 解説

法人と有限責任

　法人制度の趣旨は、「権利義務関係を単純明確化するために、出資者とは別の、個々の出資者とは一旦切り離した、単一の法人格（権利義務の主体）をつくって、それに権利義務（所有権や債権・債務）を帰属させてしまおうという考え方」にありました（P38）。この趣旨を徹底させるのであれば、法人の負った債務はあくまでも法人の債務であり、出資者にはそれを弁済する責任はないという考え方もあり得るでしょう。

　しかし、法人の出資者に有限責任を認めるのか否かという問題

は、制度設計の問題であり、政策的な問題でもあります。例えば、「合名会社」は法人ですが（3条・2条1号）、合名会社の出資者（社員）は、無限責任を負っています（会社法上の「社員」が出資者を意味することについてはP 36参照）。

> 第575条（定款の作成）
> ①　合名会社、合資会社又は合同会社（以下「持分会社」と総称する。）を設立するには、その社員になろうとする者が定款を作成し、その全員がこれに署名し、又は記名押印しなければならない。

> 第576条（定款の記載又は記録事項）
> ①　持分会社の定款には、次に掲げる事項を記載し、又は記録しなければならない。
> 　（1～4号　略）
> 　5　社員が無限責任社員又は有限責任社員のいずれであるかの別
> 　（6号　略）
> ②　設立しようとする持分会社が合名会社である場合には、前項第5号に掲げる事項として、その社員の全部を無限責任社員とする旨を記載し、又は記録しなければならない。

(3)　株式会社における出資の基本的構図

株式会社制度の中核をなす概念である「株式」は、出資のプロセスにおいても重要な役割を果たします。

株主とは「株（株式）の持ち主＝株式を有する者」のことでした

が、このことからも分かるように、株主になろうとする者は、株式を得ることが必要です。そして、株主になろうとする者が、株式を得るには、その対価を株式を発行してくれる株式会社に支払わなければなりませんが、これを算出するためには、株式の単価が必要となってきます。例えば、ある株式会社の株式を10株取得するのであれば、その株式の単価が「1株5万円」である場合には、その対価として5万円×10株＝50万円を、株主になろうとする者は株式会社に支払わなければなりません。この株式の単価について会社法は、58条1項2号や199条1項2号で「払込金額」という用語を使い、それを「株式1株と引換えに払い込む金銭の額」と定義づけしています。

> **One Point 解説**
>
> 株式の単価（払込金額）
>
> 　株式の単価（払込金額）は、個々の株式会社によって様々です。また、これには上限もなければ、下限もありませんので、極端な例をいえば、1株1円の場合もあり得ます（このことは後述する「最低資本金制度の撤廃」に結びついていきます。）。ただし、ケース・バイ・ケースではあるものの、一般的には、株式会社を設立する（立ち上げる）場合には、1株5万円というのが相場のようです。

そして、払い込まれた金銭は、株式会社に資金（資本）として拠出されたもの（すなわち出資されたもの）であり、株式会社の財産となります（会社財産の形成）。株式会社は、出資者（株主）から拠出されたこの会社財産を元手にして事業を営んでいくことになります（株式会社（法人）は目に見えない、観念的な存在でしかありませんので、現実には代表取締役等の業務執行機関やその指示、命令を受けた従業員が実行していくことになります。）。

以上が株式会社における出資の基本的な構図ですが、このように、**株式会社における出資は「株式」を媒介にして「株式」を単位にしてなされるものである**といえます。

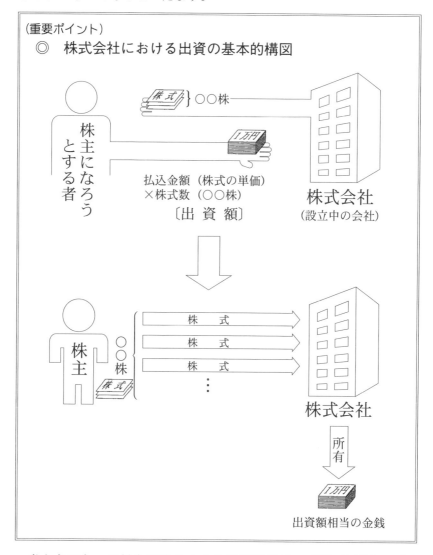

　私たちにとって最も馴染みのある法律関係は、売買（契約）です。そこで、より分かりやすく理解していただくために、前記「株式会社

における出資の基本的構図」を売買に例えて説明すれば、

　『株式会社が、その発行する株式を、株主になろうとする者に何個（何株）か売り、それを買った株主になろうとする者は、それと引き換えに［払込金額（株式の単価）］×［株式数］の金額（出資額）に相当する金銭を支払う』

ということになります。この場合、売買の対象となる「株式」が権利の総体である以上、それは観念的なものであり、目に見えるものではありませんが、これを「株券」に置き換えてもらえば、より一層売買としてイメージしやすいものになるのではないでしょうか。

> **One Point 解説**
> 「株式」と「株券」
> 　会社法の基本書等においては、株券とは「株式を表章する有価証券である」等と定義されていますが、分かりやすく言えば、権利の総体であるが故に目に見えない存在である「株式」を取引するにあたって、これを私たちが認識できるように証券化（紙片にする）したものが「株券」です。ただし、注意していただきたいのは、会社法においては、株券を発行しないのが原則形態になっていることです（214条以下）。

　そして、重要なことは、一旦株主が出資した以上は、原則として株式会社から株主への出資の払戻しは認められないということです。前記「株式会社における出資の基本的構図」を見ていただきたいのですが、株主になろうとする者が、株式の対価（出資額）を株式会社に支払い、当該株式を得て株主になった以上、その後、株主が自分の持つ株式を株式会社に返して、株式会社からは自分の支払った出資額を払い戻してもらうことはできないということです。これを再び売買に例えて説明しますと、株主は株式会社から買った株式を返品し、株式会

社から株式の代金を払い戻してもらうことはできないということになります。

> **One Point 解説**
>
> **出資の払戻し規制の例外**
>
> 　原則として株式会社から株主への出資の払戻しは認められていませんが、この例外にあたるものが「自己株式」です。自己株式とは「株式会社が有する自己の株式」のことであり（113条4項）、会社法は、株式会社が自己株式を取得できる場合をいくつか定めていますが、その原則的な形態は156条1項です。
>
> > 第156条（株式の取得に関する事項の決定）
> > ①　株式会社が株主との合意により当該株式会社の株式を有償で取得するには、あらかじめ、株主総会の決議によって、次に掲げる事項を定めなければならない。ただし、第3号の期間は、1年を超えることができない。
> > 　1　取得する株式の数
> > 　2　株式を取得するのと引換えに交付する金銭等の内容及びその総額
> > 　3　株式を取得することができる期間
> > （注）　読みやすさを優先させるために、括弧書きの箇所を省略しました。
>
> 　まさに株式会社が株式を株主から買い戻すイメージとなります。

第4章　株式会社制度の理解のために

　そもそも株式会社がその名のとおり「株式」会社であることから、株式会社制度を理解するためには、「株式」が現実の経済社会の中でどのように機能しているのかを踏まえることも重要です。

　この1点目としては、「株式とは金儲けのための手段である」ということが挙げられます。例えば、権利の総体である株式の中には「剰余金配当請求権」という権利がありましたが、まずはこれが該当してくるでしょう。ただ、金儲けの手段として株式をみた場合、株式を保有し、その配当を待つよりも、株価の変動に応じてこれを売買する（株式の譲渡）ことの方がずっと有効です。そして、市場における株式売買や制度としての株式譲渡は、株式会社制度を実態面から理解していく上での必要不可欠な切り口となります。

　2点目としては、「株式とは株式会社支配のための手段である」ということが挙げられます。具体的には、権利の総体である株式の中の「株主総会における議決権」がこれに該当してきます。そして、議決権の行使を通して、自らが人（法人）である株式会社を、株主が支配していくことになりますが、このことは「株式会社が会社財産を所有し、その株式会社を株主が（実質的に）所有している」という株式会社の基本的構造につながっていきます。

1　株式の譲渡と株式会社の実態

(1) 株式の譲渡と株式市場

　人が株主になろうとする（株式を保有しようとする）最大の理由

は、利益の獲得、平たくいえばお金儲けのためといえるでしょう。
　そして、権利の総体である株式については、その権利の一つに剰余金配当請求権があり、「剰余金の配当」とは、株式会社の事業によって生じた利益を株主に分配することでした（P64）。ただし、株式を利益獲得の手段としてみた場合、剰余金の配当だけではなく、さらには株式の譲渡という方法もあり、利益獲得手段としては、こちらの方がより有効といえます。

> 第127条（株式の譲渡）
> 　株主は、その有する株式を譲渡することができる。

　日常用語で「譲渡」という場合には、無償で（ただで）与えるという趣旨が強いのですが、法律上「譲渡」という場合には、有償・無償双方を含んでいます。したがって、「譲渡」の典型として「売買」（株式を売る、売却する）を念頭においてもらえれば、より理解しやすくなるでしょう。
　そして、「（重要ポイント）◎権利の総体としての株式」（P59）の概念図を使って株式の譲渡を図示すれば、以下のとおりとなります。

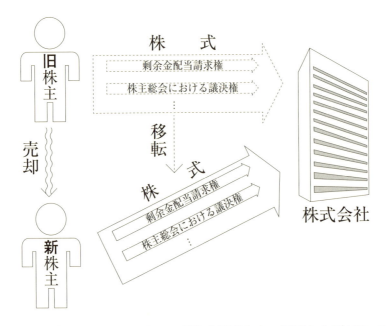

　127条が定める以上のことは、「株式譲渡自由の原則」と呼ばれています。

　それでは株式会社制度においては、なぜ株式譲渡自由の原則が認められているのでしょうか。前章・第3節「(3)　株式会社における出資の基本的構図」での話を思い出してください。そこでは、一旦株主が出資して株式を得た以上、原則として株式会社が株主から株式を引き取り、株主へ出資を払い戻すことは認められていない旨説明しました。株主は、その有する株式の数に応じて剰余金の配当は受けられるのですが、株式として投下した資金（資本）─払込金額（株式の単価）×株式数で算出される出資額─を株式会社から取り戻すことはできません。ちょっと大雑把な例えになりますが、金銭を貸して、利子はもらえるが、元本は返してもらえないということになります。

　しかし、それでは、利益獲得の手段として株式をみた場合、魅力の乏しいものになってしまいます。したがって、出資の払戻しを認めな

い代わりに、株式を自由に売却できるようにすることにより、投下した資金を回収できるようにしたわけです。

ただ、株式の売却額が当初の出資額を超えるような場合、それも相当に超えるような場合には、剰余金の配当を待つよりも、株式を譲渡（売却）することによって得られる売却益を狙う方が、利益獲得の手段としては、ずっと有効です。さらには、他人の保有する株式を買って、その値段が上がったのを見計らって、それを誰かに売ることにより（要するに転売です。）、売却益を狙っていくという方法も有効でしょう。このように株式を売ったり、買ったりできる市場、すなわち株式市場が、東京証券取引所等に代表される「金融商品取引所」（金融商品取引法2条16項）です。そして、株式市場では、売買の対象となる株式の値段（株価）は、市場における価格決定の原理である需要と供給の関係、当該株式を発行している会社の業績などによって決まってきます。

(2) **上場会社・非上場会社と株式会社の実態**

東京証券取引所等の金融商品取引所で売買されている株式を発行している会社のことを「上場会社」といいます。この場合、「上場」とは「市場（すなわち株式市場）に上げる（上げて、売買の対象とする）」ことであると理解してください。

株式を上場することにより、当該株式会社（上場会社）は、いくつかのメリットを享受することができますが、最も決定的なものは、株式市場を通じて広く大衆から資金を集めることができるということです。具体的には、上場会社は、新たに株式を発行してそれを株式市場において売りさばくことにより、新たに資金を得て（会社財産を増やし）、それを元手にして、より事業を発展させていくことが可能となります。これが上場会社以外の株式会社（「非上場会社」）であれば、

資金を得るために新たに株式を発行したとしても、それらを売りさばくための株式市場がないわけですから、発行する株式を買ってくれる人を広く大衆に求めていくのには無理があるということになります。

巷間いわれるように、広く大衆から資金を集め、その潤沢な資金を元手に大きな事業を営んでいくというのが株式会社の理念です。

しかし、株式会社がその理念どおり、すべからくその株式を上場して、広く大衆から資金を集めているのかというと、現実はそれとは逆であることに注意してください。「第1章　捜査と会社法」でもデータを示したとおり（P28）、株式会社の実態としては、圧倒的多数を非上場会社が占めており、上場会社は、数的には株式会社全体の中でほんのごく一握りでしかないことを理解しておいてください。捜査においても、例えば署で扱う株式会社を舞台とする知能犯や経済事犯、あるいは暴力団犯罪については、ほとんどのものが非上場会社を舞台とするものでしょうし、県にもよるのでしょうが、本部で扱うような前記犯罪についても、やはり非上場会社を舞台とするものが多いのではないかと思われます。

なお、上場会社・非上場会社は、会社法上の概念ではありませんが、株式会社の実態を把握し、株式会社法制を理解していく上では、常に意識しておかなければならない重要な概念です。

(3)　株式譲渡の制限と株式会社の実態

前項では、株式会社の実態として圧倒的多数を非上場会社が占めている旨説明しましたが、この非上場会社については、その大部分が全部の株式の譲渡について株式会社の承認を要する旨の定款規定を置いているのが実態となっています（第1章・第4節の（注5）、P28）。

第107条（株式の内容についての特別の定め）
① 株式会社は、その発行する全部の株式の内容として次に掲げる事項を定めることができる。
　1　譲渡による当該株式の取得について当該株式会社の承認を要すること。
（2号以下　略）
② 株式会社は、全部の株式の内容として次の各号に掲げる事項を定めるときは、当該各号に定める事項を定款で定めなければならない。
　1　譲渡による当該株式の取得について当該株式会社の承認を要すること　次に掲げる事項
　　イ　当該株式を譲渡により取得することについて当該株式会社の承認を要する旨
（以下　略）

　条文中「譲渡による当該株式の取得」とあるのは、単に「譲渡」と読み替えていただければ理解しやすくなると思います。
　そして、2項が規定するように、**株式の譲渡に会社の承認を必要とするような制度設計をするためには、その旨を定款で定めなければなりません。**この株式譲渡制限を規定した定款の記載例としては、以下のようなものが挙げられます。

第〇〇条（株式の譲渡制限）
　当会社の株式を譲渡により取得するには、取締役会の承認を要する。

　株式会社は法人であり、目に見えない、観念的な存在でしかありませんので、その意思決定や行為をしてくれる人間（自然人）から構成

される「機関」が必要であり、株式譲渡の承認を行うのも当然「機関」となります。そして、株式譲渡の承認を行う機関は、原則として、当該株式会社が取締役会設置会社である場合には取締役会、取締役会非設置会社である場合には株主総会となります（139条1項）。

※　取締役会設置会社・取締役会非設置会社
　　第2章・第3節（P47）でも説明したとおり、株式会社の組織構成（機関設計）を理解する上での第一歩は、取締役会設置の有無でした。

　また、定款による株式譲渡の制限がある場合には、その旨の登記がなされます。前記定款例のように、取締役会の承認が必要とされる場合の登記記録例は、以下のとおりです。

商　号	第一電器株式会社
本　店	東京都中央区京橋一丁目1番1号
株式の譲渡制限に関する規定	当会社の株式は、取締役会の承認がなければ譲渡することができない。
取締役会設置会社に関する事項	取締役会設置会社
登記記録に関する事項	設立 　　　　　　　　　　　平成19年10月1日登記

（法務省のウェブサイトにおける商業登記記録例からの抜粋）

　このように定款による株式譲渡の制限がある場合には、「株式の譲

渡制限に関する規定」欄にその旨が記載されていますので、逆にいえば登記中「株式の譲渡制限に関する規定」欄がなければ、当該株式会社の定款には株式譲渡を制限する規定はないということになります。一方、株式会社の数的にはほんのごく一握りでしかない上場会社については、その株式が市場において常に売買（譲渡）されることが想定されていますので、このような定款規定が置かれることはありません。

2　株式の保有と株式会社の支配

(1)　株主総会における議決権

　株式会社は、法人すなわち法がつくり出した「人」であり、実体のない、観念的な存在でしかありませんので、実際に株式会社の業務執行を担っていく機関が必要でしたが、それは取締役、代表取締役等の業務執行機関でした。

　そして、業務執行よりも、より高位な、根本的な意思決定—例えば、そもそも取締役を誰にするのか、あるいは会社の根本規則である定款を変更するのか等—については、株式会社が法人である以上、これも自然人（人間）から構成される機関にやってもらうしかないのですが、これを担う機関が、株主から構成される「株主総会」です。

　権利の総体である株式については、その権利の中の一つに「株主総会における議決権」がありました。株主は、株主総会における議決権を行使することにより、株式会社の基本的で重要な事項についての意思決定を行っていくことになります。会社法は、この意思決定について「決議」という言葉を使っており（295条）、株主総会の決議事項としては、

　　　○　取締役の選任・解任（329条、339条）

○　定款の変更（466条）

○　剰余金の配当（454条）

等が挙げられます。

> Q：企業買収においては、ターゲットとなった株式会社の株式の取得状況について、1／3あるいは1／2という数字が出てきますが、その理由は何でしょうか。

　株主総会の決議方法については、主として「普通決議」（309条1項）と「特別決議」（309条2項）があります。

　普通決議とは、文字どおり決議の方法としては最も通常なものであり、「議決権の過半数をもって」行われる決議です。

※　議決権
　　議決権については、原則として「株式1株につき1個の議決権」とされていました（1株1議決権の原則（308条1項）、P63）。

　特別決議とは、より重要な事項であることから、株主総会の意思決定をより慎重に行っていこうというものであり、「議決権の3分の2以上に当たる多数をもって」行われる決議のことです。何が特別決議事項であるのかについては309条2項各号が定めており、その中でも実務上よく問題になるものとしては、11号の「定款の変更」が挙げられます。

　一方、普通決議事項については、普通決議が原則的な決議方法であることから、特別決議事項のように、一つの条項にまとめて限定的に列挙されているわけではありません。

　なお、普通決議事項の中でも実務上よく問題になるものとしては、

取締役の選任・解任が挙げられます。

> **One Point 解説**
> **取締役解任の決議**
> 　取締役解任の決議については、以前は（商法では）特別決議事項でしたが、会社法では普通決議事項となりました。

　また、議決権の過半数や3分の2以上といいましても、そもそもそれらの全体の数（出席数）がどの程度まで必要なのかという問題もあります（定足数）。注意していただきたいのは、定足数も含めて、過半数や3分の2以上という決議要件についても、定款で変更を加えることは可能ということです。通常は、普通決議・特別決議ともに、定足数と決議要件は定款で規定されていることが多いでしょうから、いずれにしても当該会社の定款を確認することが重要になってきます。

　さて、ここまでの説明で冒頭のQに対する解答も得られたのではないかと思います。1／2という数字が意味するところについて、正確には1／2超すなわち過半数の株式を保有するということであり、それはイコール普通決議を通すことができるということです。より生々しくいえば、取締役の首を自由にすげ替えることができるということであり、このことは代表取締役を誰にするのかということにもつながっていきます。

> **One Point 解説**
> **取締役の地位を解任された代表取締役**
> 　代表取締役とは「会社を代表する取締役」のことですので（P52）、その前提として、まずは「取締役」でなければなりません。したがって、代表取締役が取締役としての地位を失えば、当然代表取締役の地位も失うことになります。

また、1／3という数字が意味するところは、正確には1／3超の株式を保有するということであり、それはイコール特別決議を否決することができるということです。まとめますと、株式会社の意思決定に影響力を及ぼすことができる株式の保有数については、以下の数字が重要ということになります。
- ○　2／3以上〜特別決議を通すことができる（定款変更も可能）。
- ○　1／2超　〜普通決議を通すことができる（取締役解任も可能）。
- ○　1／3超　〜特別決議を否決することができる。

(2)　株式会社の支配と所有

　以上のように、保有する株式の数にもよりますが、株主は株主総会における議決権を行使することにより、株式会社の業務執行を担う取締役を誰にするのか、あるいは定款をどうするのか等、株式会社における基本的で重要な事項について意思決定することができます。
　そして、これらの事項を意思決定できるということは、それはすなわち株式会社を支配しているということであり、このことを称して「株主は株式会社の実質的所有者である」と表現することがあります。
　会社法や民法等の私法における、最も基本的で、重要な権利概念として「所有権」があります。よく日常の言葉の中でも「誰々の所有である」という言い方がなされますが、所有権という言葉を法律的に説明しますと、「物の使用・収益・処分をする権利」のことであり（民法206条）、平たくいえば、その物について何でもできる、その物を全面的に支配できる権利のことです（拙著『捜査のための民法［第3版］』P20）。

Q：それでは、「株主は株式会社の実質的所有者である」という場合の「実質的所有」と、そして「所有（権）」との異同については、どのように理解すればよいのでしょうか。

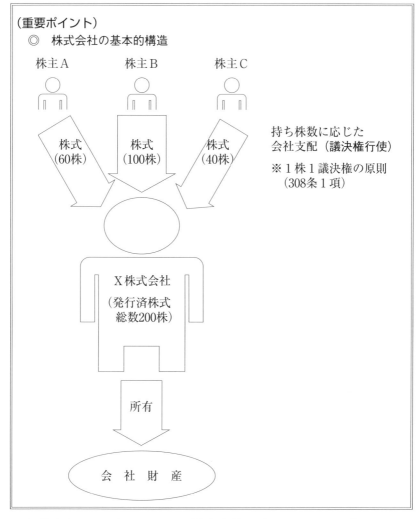

まず確認しておきたいのは、株式会社は法人であり、実体のない、観念的な存在であるにもかかわらず、株式会社自身そのものは権利義

務の主体になり得るということです。したがって、商品や備品、資金等の物（会社財産）を所有している（それらの物に対する所有権がある）のはＸ株式会社自身であり、株主Ａ、Ｂ、Ｃではありません。

　それでは、株主と株式会社との関係についてはどう考えればよいのかということですが、今までにも説明してきたとおり、株主は「剰余金配当請求権」、「株主総会における議決権」等の権利の総体である株式を、株式会社に対して有しています。そして、そもそも株式会社が法人であり、法によって人と認められたものである以上、人である株主が、人である株式会社を所有する（所有権の対象とする）ということは法律上あり得ません。ただし、一方で、株主は株主総会における議決権を行使することにより、取締役の選任・解任等をすることができますので、株主は株主総会における議決権の行使を通して株式会社を支配（コントロール）しているともいえます。したがって、法律的には純粋な「所有（権）」とはいえないものの、実質的には「所有」とおおむね同視できることから、「実質的所有」という言葉が使われているのだと理解してください。

第5章　特別背任事件の擬律と株式会社の構造

　第1章では、会社法が定める罰則規定の中で最も事件として扱うことの多いであろう特別背任罪を取り上げました（P2以下）。本章では、第2章から前章までの説明を前提にした上で、特別背任罪による擬律が問題となる設例の検討を通して、株式会社の基本的な構造や会計処理について理解を深めていくことにします。

> 設例：Aは、甲株式会社の代表取締役であるが、自己の遊興費に窮したことから、甲株式会社の所有する土地を自己が廉価で購入し、これを第三者に売却することによって売買差益を出し、これを自己の遊興費に充てることとした。
> 　Aは、甲株式会社の所有する土地（時価1,000万円相当）を300万円で購入した後、さらに、当該土地を情を知らないXに対して900万円で売却し、その差額600万円の利益を不当に得た。
> 　Aの行為を特別背任罪で擬律していくことは可能であろうか。
> 　〔甲株式会社の概要は、以下のとおりである。〕
> 　　目　的：情報システムに関するコンサルティング等
> 　資本金：3,000万円
> 　発行済株式総数：600株
> 　株式の譲渡制限に関する規定：当会社の株式は、取締役会の承認がなければ譲渡することができない。

> 役員に関する事項：取締役はＡ、Ｂ及びＣ
> 　　　　　　　　　代表取締役はＡ
> 　　　　　　　　　　（ＢはＡの配偶者、ＣはＡの実母）
> 取締役会設置会社に関する事項：取締役会設置会社
> 株式保有状況：Ａ→540株（発行済株式総数の90％）
> 　　　　　　　Ｂ→ 30株（発行済株式総数の5％）
> 　　　　　　　Ｃ→ 30株（発行済株式総数の5％）

　この設例を一読された方の中には、取締役3人が家族ですし、会社規模も比較的小さいことから、そもそも誰が告訴や被害申告をするのかという疑問をもった方もおられると思いますが、例えばＡＢ間の関係が悪化して離婚に至り、Ｂが義憤にかられて告訴した、あるいは幹部従業員が首を切られ、その意趣返しで情報提供をしたとでも想定してください。

　設例におけるＡの行為の中で、自らが代表取締役をやっている甲株式会社から時価1,000万円もの土地をわずか300万円で購入したという部分、この部分こそがＡの不正行為でしょうから、この部分を特別背任罪で擬律していくことができるのかというのが本設例の趣旨です。そして、設例のような株式会社とその代表取締役との間の取引といいますと、会社所有の土地を700万円も安く購入したという価額の問題もさることながら、取引自体の分かりにくさもありますので、特別背任罪による擬律を検討していく前提として、まずは設例における会社法上の法律関係について、これまでの本書の内容を確認しつつ説明することにします。

1　会社法（民事）上の規制

　最初に確認しておきたいのは、問題となっている土地売買契約の当事者は誰か、より端的にいえば売買契約書の売主欄と買主欄にはどのような記載がなされるのかということです。
　これについては、
　　〔売主〕　甲株式会社　　　代表取締役A
　　〔買主〕　A
ということになります。買主であるAは、あくまでも一個人としてのAということになります。
　そして、この売買契約の売主である「甲株式会社」とは法人であり、法人とは「法による人」（＝法によって人と認められたもの）のことでした。法人である以上、このように、われわれ人（自然人）と同様に独立した権利義務の主体となり得る─例えば売買契約の売主になり得る─ということなのですが、ただし、これはあくまでも法がつくり出した「人」ですので、その存在は実際に目に見えるものではなく、観念的な存在でしかありません。したがって、観念的な存在でしかない法人（株式会社）がどうやって契約をするのかということになりますが（自然人であれば、まさに自身で意思を決定し、行為をすればよいわけです。）、これをやってくれるのが代表取締役でした。前記売買契約の売主欄の記載がまさに示しているように、株式会社を代表する権限（代表権）を有する機関（代表取締役）の行為を、株式会社そのものの行為とみなしていくわけです。
　ただ、ここまでの説明を読まれた方の中には、この売買契約の不自然さに気付かれた方もおられると思います。Aは、自分自身のために売買契約の買主になりつつ、また一方で、甲株式会社のために甲株式

会社を代表して売買契約の売主にもなっています。要するに、事実上Ａ１人が売買契約の買主にもなり、売主にもなっているのです。

このような取引（契約）は「自己取引」と呼ばれていますが、この自己取引については、株式会社を犠牲にしても自分個人の利益を図ってしまいやすいことから、会社法は、これに対して以下のような規制を設けています。

第356条（競業及び利益相反取引の制限）
① 取締役は、次に掲げる場合には、株主総会において、当該取引につき重要な事実を開示し、その承認を受けなければならない。
（１号　略）
　２　取締役が自己又は第三者のために株式会社と取引をしようとするとき。
（３号　略）

第365条（競業及び取締役会設置会社との取引等の制限）
① 取締役会設置会社における第356条の規定の適用については、同条第１項中「株主総会」とあるのは、「取締役会」とする。

条文中「取締役」とありますが、これには代表取締役も当然該当してきます（P52）。設例については、甲株式会社の代表取締役であるＡが、Ａ自身のために（自己のために）甲株式会社と売買取引をするわけですから、Ａは事前に取締役会（甲株式会社は取締役会設置会社です。）の承認を受ける必要があります。

なお、以上の自己取引に対する規制は、取締役が株式会社の利益の犠牲において自己の利益を図ることを防止する趣旨で、予防的・形式的に設けられているものです(注1)。

（注1）　江頭憲治郎『株式会社法（第7版）』（有斐閣、2017年）444頁

2　特別背任罪による擬律の可能性

　続いて、刑事上の問題として、Aの行為を特別背任罪で擬律していくことが可能かどうか検討していきます。特別背任罪の構成要件（960条1項3号）については、刑法上の背任罪と同様、以下のように分解することができます。

- ○　主体……「取締役」（代表取締役もこれに含まれます。）
- ○　目的……「自己若しくは第三者の利益を図り又は株式会社に損害を加える目的」（図利加害目的）
- ○　行為……「その任務に背く行為」（任務違背行為）
- ○　結果……「当該株式会社に財産上の損害を加えたとき」

それぞれの要件の解釈については様々な論点がありますが、それらをここで取り上げるのは本書の趣旨から外れますので、興味のある方は、会社法の逐条解説書や刑法各論の基本書をひもといてみてください。

　前記のとおり自己取引については、取締役が株式会社の利益を犠牲にして自己の利益を図るリスクがありました。設例についても、一見したところ、甲株式会社の代表取締役であるAが（主体の要件）、会社に700万円の損害を与えながらも自己の個人的な遊興費を捻出するために（目的の要件）、代表取締役としての任務に背いて甲株式会社から廉価で土地を購入し（行為の要件）、甲株式会社に対して損害を生じさせた（結果の要件）、ともいえそうです。

　ここで、前章において示した「（重要ポイント）◎株式会社の基本

的構造」(P85)を再度見てください。この図が示しているように、会社財産を所有しているのは株式会社です。

そして、会社財産を保護するための罰則規定が特別背任罪なのですが、会社財産を保護するということは、その会社財産を所有している株式会社を保護するということでもあります（すなわち株式会社が被害者となります。）。

ただし、ここで思い出してほしいのは、その株式会社を実質的に所有しているのは株主であるということです。特に、株式会社とは法人であり、観念的な存在でしかないわけですから、株式会社が被害者であるとしても、より実体的、実質的な被害者は、その株式会社を実質的に所有している株主であるといえます。

そして、設例における決定的なポイントは、Aが甲株式会社の株式のほとんどを保有しているということです。A1人で甲株式会社の発行済株式総数の90パーセントもの株式を保有しているわけですから、ほとんど「一人会社」に近い状態であるといっても過言ではありません。

One Point 解説

一人会社

　文字どおり株主が1人しかいない株式会社のことです。その株主は、当該株式会社の発行済株式の全て（100％）を保有していることになります。

　なお、一人会社における自己取引については、
　　○ 取締役が会社の全株式を保有している場合には取締役会の承認を不要とする判例（最判昭和45.8.20民集24巻9号1305頁）
があります。
　この理由については、自己取引に対する規制（取締役会の承

認)は株主の利益保護のため要求されているものだからです^(注2)。

「(重要ポイント)◎株式会社の基本的構造」を使って甲株式会社の構造を示せば以下のとおりとなります。

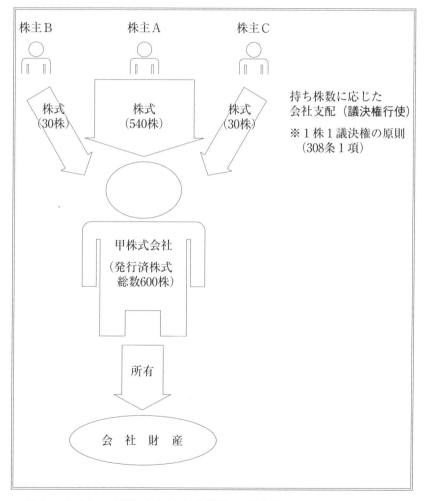

以上のように、甲株式会社を実質的に所有しているのはAであるといえますので、Aの特別背任行為による被害者が甲株式会社であると

しても、より実体的、実質的な被害者はAであるといえます。そうなりますと、実質的な被害者であるAは、甲株式会社に損害を与えるべく不正行為を行った代表取締役本人（被疑者）でもあるという妙な事件構図となります。以上のことから、設例についてAの行為を特別背任罪で擬律していくことには大きな問題が残ると思われます[注3]。

（注2）　江頭憲治郎『株式会社法（第7版）』（有斐閣、2017年）444頁以下
（注3）　城祐一郎「特別背任罪（会社法）と業務上横領罪（刑法）」警察公論71巻12号（立花書房、2016年）53頁以下は、金融業を営む会社（いわゆる「ノンバンク」）である「（株）お茶の水金融」を舞台にした不正貸付の事例を設定した上で、「全株式を所有する代表取締役社長が自社に損害を加えるような行為などに出た場合であるが、理論的には、（株）お茶の水金融は法人として独立の存在であり、いくら全株式を保有するオーナー社長であるといっても、それが特別背任罪の構成要件を充足するものであれば、同罪は成立する。しかしながら、捜査の現場においては、このような場合、特別背任罪の立件を見合わせるのが実際であると思われる。というのも、全株式を所有しているということは、いつでも株主総会を開いて株式会社の解散をすることができ（会社法471条3号、309条2項11号）、解散された株式会社は精算手続に入って債権債務関係の処理を行った後、株主に対して残余財産を分配することになる（同法481条）。そうなると、全株式を所有している者は、いつでもその会社を解散、精算することで自己の手元にその会社の財産を取り戻すことができる関係にあるからである。それゆえ、全株式を所有しているオーナー社長と当該会社とは、法理論的には別人格であるとしても、経済的側面からみれば、加害者と被害者といいながらも、その実体は同一であるとみることができる（捜査上、俗に「財布が一つの関係」といわれる。）。そのような経済的実態を有する

関係にある以上、仮に形式上、一方が他方に対して損害を与えるという現象がみられたとしても、刑事法的に処罰に値するものかどうか疑問があるからである。」としています。

なお、類似の論点として落合誠一編『会社法コンメンタール21　雑則(3)・罰則』（商事法務、2011年）69頁は、「日本では、あまり議論されていないが、株主全員が、会社に財産的損害を与えるような取締役等の職務遂行について、その危険性を十分認識しながら承諾していた場合に本罪が成立するか、という問題がある。この点については、被害者である会社を個々の株主の集合体にすぎないと考えるのであれば、株主全員が同意すれば、本罪の任務違背行為には当たらないという考えもあり得よう。しかし、株主の交代可能性がある場合などを想定するとわかるように、会社人格には、個々の株主を越える一定の実体があるから、法人格否認の法理が適用されるような事案を除き（被告人をおいてはほかに何ら実体のない会社名義での約束手形振出しにつき本罪の成立を否定した裁判例として、福岡地久留米支判昭和35.3.4下刑集2巻3＝4号421頁）、株主の同意があれば常に背任罪とならないというのは割り切りすぎであろう。少なくとも会社の存続を危殆化する場合には、背任罪が成立し得るという解釈はあり得るように思われる」としています。設例においては、株式の譲渡制限に関する規定があり（P78）、株主の交代可能性が乏しい（P139）といえますので、会社人格に個々の株主を越える実体を認めるという点については、消極の方向に解されることになると思われます。

3　想定される抗弁（会計処理との絡み）

さらには、このような事件構図の下では、Aからの合理性のある抗弁も多数想定されるところです。以下、説明の過程で若干簿記会計の

話をはさみますが、簿記会計の知識のない方はその部分をとばして読んでいただいても大筋は理解していただけると思いますので、このままお付き合い願います。

設例における甲株式会社・A間の土地取引については、甲株式会社の側でなにがしかの会計処理をしなければならないところ、通常の会計処理を行えば以下のとおりとなります（当該土地の時価、簿価ともに1,000万円であると想定しておきます。）。

　（借）現　　　金　3,000,000　　（貸）土　　　地　10,000,000
　　　　固定資産売却損　7,000,000

これは、甲株式会社としては現金300万円を得る代わりに、1,000万円の土地を手放し、その損失として700万円を計上したという会計処理（仕訳）を示しています。ただし、甲株式会社の規模にしては固定資産売却損を700万円も計上するのは不自然ですので、処理の仕方として単純ではありますが、まずはこれを100万円に圧縮するとします。この場合、残額をどう処理するのかについては、以下のような方法が考えられます。

　①　（借）現　　　金　3,000,000　　（貸）土　　　地　10,000,000
　　　　　　固定資産売却損　1,000,000
　　　　　　未収金（貸付金）　6,000,000

残額の600万円については、将来A個人が甲株式会社に対して支払うものである、言い換えれば、甲株式会社がA個人に対して600万円の債権を有しているという処理の仕方です。これはそのままAの抗弁として立ってきますし、A個人の資力によってはかなりの合理性が出

てくると思われます。

　②　（借）現　　　金　　3,000,000　　（貸）土　　地　10,000,000
　　　　　　固定資産売却損　1,000,000
　　　　　　借　入　金　　6,000,000

　残額の600万円については、A個人が甲株式会社に対して貸し付けていた債権の弁済に充てられたものである、言い換えれば、甲株式会社のA個人に対する債務（借金）の支払いに充てられたものであるという処理の仕方です。このようなAの抗弁についても、元々の債権・債務関係が記帳されていればかなりの合理性が出てくると思われます。

　①や②の例にみられるように、同族的な株式会社においては、大株主でもある代表取締役等と当該会社間における債権・債務関係が錯綜している場合があり（あるいはあえて錯綜させ）、それが被疑者側からの思わぬ抗弁となる場合があり得るので注意が必要です。

第6章　株式の発行の基本的な仕組み

　株式会社等の企業を舞台として敢行される各種不正事案は、カネの流れに絡んで発生するものばかりです。そして、株式会社におけるカネの流れは、様々な場面で登場してきますが、その代表的なものは「ファイナンス」（企業金融）と呼ばれる分野で、その中でも典型的なものとしては「株式の発行」が挙げられます。
　第3章においては、「（重要ポイント）◎株式会社における出資の基本的構図」（P71）について説明しましたが、このように、株式会社における出資は、発行される株式を媒介にして、それを単位にしてなされるものでした。本章では「株式の発行」について、その基本的な仕組みを説明することにより、次章「払込みの仮装をめぐる問題」への導入にしたいと思います。

1 株式の「引受け」と「払込み」

「(重要ポイント) ◎株式会社における出資の基本的構図」の上半分の部分を以下に抜粋します。

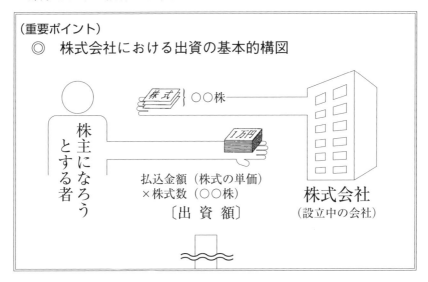

そもそも「株主になろうとする者」と「株式会社」が、このような法律関係に入るためには、その前提として、両者がこのような法律関係に入ることについて合意していることが必要です。

順序として、まずは、

 ① 「株主になろうとする者」と「株式会社」との間で「**株式の引受け**」契約が締結され

次に、

 ② この「株式の引受け」契約に基づき、「株主になろうとする者」は「株式会社」に対して出資額に相当する金銭を支払い(「**払込み**」(出資の履行))、「株式会社」は「株主になろうとす

る者」に対して相当数の株式を発行する
ということになります。
　第3章においては、株主の有限責任を定めた104条における「株式の引受価額」という言葉が「株式の引受け」という概念に由来する旨説明しました（P68）が、これは①のことです。また、②については、「株主になろうとする者」は株式会社に出資額相当の金銭を支払うのですが、それは銀行口座への振込みにより行われることから、特に「払込み」という言葉が使われていると理解してください。

> **One Point 解説**
> 設立中の会社
> 　株式会社が成立するのは登記による（49条）ことから、それ以前の段階では法人格はありませんが、この場合には「設立中の会社」と「株主になろうとする者」との間で前記①・②が行われるとの説明がなされます。

　株式会社（設立中の会社）は、相当数の株式を発行した対価として出資額相当の金銭を獲得し、これを元手にして事業を開始し、あるいは事業を展開していくことになります。事業を開始すべく元手を集めるということは、**株式会社を設立する**ということであり（後記「2　株式会社の設立」）、事業を展開すべく元手を集めるということは、設立された株式会社がさらに新しく株式を発行する（新株の発行）ということになります（後記「3　新株の発行」）。

2　株式会社の設立

(1)　設立の方法とその実態
　株式会社の設立とは、分かりやすくいえば、株式会社を立ち上げる

ことであり、これは最終的には「設立の登記」によってなされます（49条）。設立の手続については、会社法「第2編　株式会社」の「第1章　設立」に様々な規定がありますが、この手続を主として担っていくのが「発起人」です。「発起人」という言葉については、日常用語において「〇〇さんを送る会の発起人」というような使われ方をしますが、法律用語としての発起人についても、これとほぼ同じようなイメージでとらえてください（会社法の基本書等においては「株式会社の設立を発起する者」等と定義されています。）。

> **One Point 解説**
>
> **発起人による定款の作成・署名**
>
> 　定款とは、会社の根本規則（最も基本的な規則）であり、会社の組織や運営について最優先で適用されるミニ会社法ともいえる重要なものでしたが（P32）、発起人の行う主要な業務の一つに「定款の作成・署名」があります（26条）。

そして、設立の方法は、発行する株式を引き受けるという点から「発起設立」と「募集設立」の2つに分かれます。

> **第25条**
> ①　株式会社は、次に掲げるいずれかの方法により設立することができる。
> 　1　次節から第8節までに規定するところにより、発起人が設立時発行株式（株式会社の設立に際して発行する株式をいう。以下同じ。）の全部を引き受ける方法
> 　2　次節、第3節、第39条及び第6節から第9節までに規定するところにより、発起人が設立時発行株式を引き受けるほか、設立時発行株式を引き受ける者の募集をする方法

発起設立（1号）とは、発起人だけで株式の引受けを行う設立方法であり、すなわち設立される株式会社に出資するのは発起人だけということになります。

　他方、募集設立（2号）とは、株式の引受けを行う者を発起人以外の者にも募集していく設立方法であり、この場合には、設立される株式会社に出資するのは発起人と発起人以外の者ということになります。株式会社の理念は、広く大衆に株式（出資単位）を買ってもらい、それによって広く大衆から資金を集め、その潤沢な資金を元手に大きな事業を営んでいくというものですが、この株式会社の理念によりかなう設立方法といえば募集設立の方でしょう。

　ただし、実務の実態としては、発起設立の方が一般的であることに注意しておいてください。また、募集設立についても、広く大衆に株式の引受けを募集していくのではなく、縁故者を対象に募集していくものがほとんどであるとされています[注1]。

　ここで、再度P71に掲げた「（重要ポイント）◎株式会社における出資の基本的構図」を見てほしいのですが、株式会社の設立がごく少人数の発起人等による株式の引受けにより行われるものであるということは、この図の「株主になろうとする者」もごく少人数であるということになります。したがって、設立される株式会社の株主数もごく少人数であるのが通常ということになります。

　なお、実務上は発起設立の方が一般的であることから、以下の記載も発起設立を念頭に置いた説明とします。

(2) 「払込み」による会社財産の形成と「資本金」の額

　ごく少人数の発起人により株式の引受けが行われた後は、これに基づき発起人により「払込み」（出資の履行）が行われます。これについて会社法は、以下のように定めます。

第6章　株式の発行の基本的な仕組み　103

> 第34条（出資の履行）
> ①　発起人は、設立時発行株式の引受け後遅滞なく、その引き受けた設立時発行株式につき、その出資に係る金銭の全額を払い込み、又はその出資に係る金銭以外の財産の全部を給付しなければならない。
> ②　前項の規定による払込みは、発起人が定めた銀行等の払込みの取扱いの場所においてしなければならない。
> （注）　読みやすさを優先させるために、括弧書きの箇所とただし書を省略しました。

　1項は「金銭の全額を払い込み」又は「金銭以外の財産の全部を給付し」としています。発起人が株式を得る対価として支払う出資については、金銭だけに限られるものではなく、金銭以外の財産（株式会社が事業遂行のために用いる土地建物や自動車等）による出資も認められており、これを「現物出資」（カネ以外のゲンブツを出資するという意味）といいます。そして、現物出資に対して金銭による出資のことを「金銭出資」といい、金銭出資の場合には「払込み」という言葉が使われますが、現物出資の場合には「給付」という言葉が使われます。ただ、株式会社への出資といえば金銭出資が原則的な形態ですので、以下、金銭出資を念頭に置いて説明を続けます。

　2項は、「払込み」を取り扱う場所として「銀行等」を規定します。通常は、発起人名義の銀行口座に金銭を振り込むことになりますが、発起人が複数人の場合には、そのうちの代表者を1名決めて、その者の銀行口座に金銭を振り込むことになります。振り込む金額については、前記「（重要ポイント）◎株式会社における出資の基本的構図」にもあるとおり、払込金額（株式の単価）×株式数となります。具体的な払込金額については、P70の「One Point 解説」を再度一読して

ください。

One Point 解説

無額面株式

払込金額を仮に5万円とした場合、その株式（株券）に5万円という金額が表示されることはありません。すなわち、株式は全て無額面株式ということになります。

このことは、例えば上場会社の株価が刻々と変動するように、株式に額面を付したとしても、株式会社設立の後、事業が発展（あるいは衰退）していけば、額面は必ずしもその時点の株式の単価（時価）を表示するものではないことを考えれば納得できると思います。

One Point 解説

株券の不発行

権利の総体であるがゆえに目に見えない存在である「株式」を取引（売買等）するにあたって、これを私たちが認識できるように証券化（紙片にする）したものが「株券」でした（P72）。

ただし、現在、上場会社の株券については、ペーパーレス化され、口座で管理されています（社債、株式等の振替に関する法律）。

一方、非上場会社については、その大部分が全部の株式の譲渡について株式会社の承認を要する旨の定款規定を置いているのが実態ですので（P78）、そもそも株式が取引されることを想定していません。

これらのことから、会社法は、株式を発行しても、これを証券化した株券を発行しないことを原則とし、特に定款で定めた場合

のみ株券を発行できることとしました（214条）。

　設立に際して発行される株式数も、個々の株式会社によって様々ですので、1株しか発行しない場合もあれば、百株や千株単位で発行する場合もあります。そして、各発起人から「払込金額×（引き受けた分の）株式数」に相当する金銭が銀行口座に払い込まれ、その総額が当該株式会社の所有する財産となり（会社財産の形成）、これを元手に事業が開始、展開されることになります。

> 第445条（資本金の額及び準備金の額）
> ①　株式会社の資本金の額は、この法律に別段の定めがある場合を除き、設立又は株式の発行に際して株主となる者が当該株式会社に対して払込み又は給付をした財産の額とする。

　払い込まれた金銭の総額は、原則として「資本金」の額となります。例えば、発起人A、B、Cの3名で払込金額5万円の株式をそれぞれ100株ずつ引き受けて株式会社を設立する場合、発起人はそれぞれ500万円ずつ払い込みますので、その総額は1,500万円となり、この株式会社の資本金の額は1,500万円ということになります。

　払込金額や発行する株式数については、個々の株式会社によって様々である旨説明しましたが、極端な例であれば、発起人1名のみによる株式会社の設立で、

　　　　　　　　払込金額1円　　　発行株式数1株

ということもあり得ます。この場合には、資本金の額は1円であり、設立時の会社財産も1円ということになります。会社法は**最低資本金制度**を撤廃しましたので、このように資本金の額が1円である株式会社も設立できるようになったのです。

> **One Point 解説**
>
> 発起人の人数等
>
> 　発起人の人数は1人でもかまいません。また、法人が発起人になる（すなわち、その法人は株式会社設立後には株主となる）ことも可能であり、株式会社が出資して別の株式会社を設立することはよくあることです。

　ただし、ここで注意していただきたいのは、株式会社を設立して事業を立ち上げるのであれば、各種備品を用意し、販売事業であれば商品を仕入れたりしなければなりませんが、これにかかるカネが必要になってくるということです。通常であれば、このために資本金（元手）があるわけですから、払い込まれた資本金をこれらに使うことになります。

　例えば、先ほどの例の、発起人A、B、C 3名が500万円ずつ出資して資本金1,500万円（払込金額5万円×100株×3人）の株式会社を設立したケースを想定してみましょう。設立時点における貸借対照表を示せば次のとおりとなります。

　なお、貸借対照表が何であるかについては、ごく簡単に「ある時点における会社財産の内訳表」とでも理解しておいてください。その読み方のポイントについては、逐次説明していきます。

貸　借　対　照　表

○○株式会社　令和○年○月○日　（単位：円）

現金預金	15,000,000	資　本　金	15,000,000

（注）　見やすさを優先させるために、一部簡略化しています。

この貸借対照表が示していることは、
- ○　会社財産である1,500万円は、株主から資本金として集められたものである（表の右側⟹資金の調達源泉）
- ○　その集められた1,500万円は、銀行口座に払い込まれ、預金の状態である（表の左側⟹資金の運用形態）

ということです。

そして、この株式会社が事業を開始、展開していくために、100万円で備品を用意し、400万円で商品を仕入れた場合、貸借対照表は次のとおりに変化します。

貸借対照表

○○株式会社　令和○年○月○日　（単位：円）

現金預金	10,000,000	資本金	15,000,000
商品	4,000,000		
備品	1,000,000		

（注）　見やすさを優先させるために、一部簡略化しています。

　この貸借対照表が示していることは、
- 　会社財産である1,500万円は、株主から資本金として集められたものである（表の右側⇒資金の調達源泉）
- 　その集められた1,500万円のうち、100万円は備品に、400万円は商品に使われ、残額は1,000万円である（表の左側⇒資金の運用形態）

ということです。
　続いて、発起人Ａ１名が１円出資して資本金を１円（払込金額１円×１株×１人）の株式会社を設立したケースを想定してみましょう。設立時点における貸借対照表を示せば次のとおりとなります。

<u>貸 借 対 照 表</u>

○○株式会社　令和○年○月○日　（単位：円）

現金預金	1	資 本 金	1

（注）　見やすさを優先させるために、一部簡略化しています。

　しかし、このままだとこの株式会社は何の事業を行うこともできないでしょう。したがって、この株式会社が何かまともな事業をしようとするのであれば、どこからかカネを借りてくることになりますが、最もあり得る貸手は、株主であるA本人です（Aはこの株式会社の取締役（代表取締役）になっているのが通常です。）。

　例えば、株主（取締役でもある）Aが、この株式会社の事業資金にするために、同社に対して14,999,999円を現金で貸し付けた場合（金銭消費貸借）、貸借対照表は次のとおりに変化します。

貸　借　対　照　表

○○株式会社　令和○年○月○日　（単位：円）

現金預金	15,000,000	借　入　金	14,999,999
		資　本　金	1

（注）　見やすさを優先させるために、一部簡略化しています。

　この貸借対照表が示していることは、
- 　会社財産である1,500万円のうち、14,999,999円は借金として、1円は株主から資本金として集められたものである（表の右側⇒資金の調達源泉）
- 　借金などにより集められた1,500万円は、現金・預金の状態である（表の左側⇒資金の運用形態）

ということです。
　そして、この株式会社が事業を開始、展開していくために、100万円で備品を用意し、400万円で商品を仕入れた場合、貸借対照表は次のとおりに変化します。

貸借対照表
〇〇株式会社　令和〇年〇月〇日　（単位：円）

借方		貸方	
現金預金	10,000,000	借入金	14,999,999
商品	4,000,000		
備品	1,000,000	資本金	1

（注）　見やすさを優先させるために、一部簡略化しています。

　この貸借対照表が示していることは、
- 　会社財産である1,500万円のうち、14,999,999円は借金として、1円は株主から資本金として集められたものである（表の右側⇒資金の調達源泉）
- 　借金などにより集められた1,500万円のうち、100万円は備品に、400万円は商品に使われ、残額は1,000万円である（表の左側⇒資金の運用形態）

ということです。

　前の例（P105）と決定的に違うのは、前の例では会社財産である1,500万円は全額資本金ですので、払い戻す（株主に返す）必要はないのですが、後の例では、会社財産である1,500万円のうち14,999,999円は、株主からの借金ですので、将来株主に返す必要があるということです。

　資本金１円の例は、ちょっと極端かもしれませんが、いずれにしても資本金が潤沢ではない中小規模の株式会社においては、株主である取締役等と株式会社との間で債権・債務関係が存在していることがあり得ることをしっかりと押さえておいてください。このような債権・

債務関係が事件の擬律に影響を与えることがあることは前章で説明したとおりです。また、次章においては、株式会社と株主（株式引受人）の債権・債務関係の実質的な資産性（名目性ともいえます。）が事件の擬律に影響を与えていく例を取り上げます（P119以下）。

（注1）　江頭憲治郎『株式会社法（第7版）』（有斐閣、2017年）60頁、田中亘『会社法（第2版）』（東京大学出版会、2018年）560頁

3　新株の発行

(1)　新株発行の態様

再び「（重要ポイント）◎株式会社における出資の基本的構図」（P71）を見てください。この図における「株主になろうとする者」を誰に求めていくのか、すなわち誰が株式を引き受けてくれるのかという点から、新株の発行は、以下の方法に分類されます。

① 　公　　募

字のごとく、株式を引き受けてくれる人を公に募集する方法です。公に募集するための最も適当な場は、株式市場ですので、株式を上場している会社すなわち上場会社（P77）が、新たに株式を発行し、それを株式市場―金融商品取引所（東京証券取引所等）―で多数の人に引き受けてもらう方法です。

② 　株主割当て

株式を引き受けてくれる人を既存の「株主」にする方法ですが、こ

の場合には、各株主はそれぞれが保有する株式数に比例して、新たに発行される株式を引き受けることができます。例えば、ある株式会社の総株主が3名で、各株主が株式をそれぞれ50株、30株、20株ずつ保有している場合（この株式会社の発行済株式総数は100株ということになります。）、この方法により新株が10株発行されるのであれば、各株主はそれぞれ5株、3株、2株ずつ株式を引き受けることができます。このような方法を採ることにより、各株主の保有する株式数の比率が変わることはありませんので（この例では、新株発行後も株式保有比率は、5：3：2のままです。）、各株主の有する議決権数の比率も変わることはありません。したがって、株主割当ては、同族的な会社に代表されるような非上場会社で行われるのが通常とされています(注2)。

③　第三者割当て

　株式を引き受けてくれる人を「特定の第三者」にする方法です。特定の第三者については、株主であってもかまいませんので、保有する株式数に比例しないで、特定の株主に新たに発行される株式を引き受けてもらう方法もこれに該当してきます。上場会社・非上場会社を問わず、この方法による新株発行は可能です。

　注意すべきは、新株を引き受けて「払込み」を行う者が特定の少人数（1人でも可）であることから、前二者の新株発行と比較した場合、新株を発行する株式会社（の代表取締役等）と「払込み」を行う第三者とが意を通じて「払込み」の仮装をやりやすいということです。

One Point 解説

「新株の発行」と「募集株式の発行等」

　会社法は、「新株の発行」と「自己株式の処分」とを併せて「募集株式の発行等」という用語で整理しました（会社法「第2編　株式会社」の「第2章　株式」の「第8節　募集株式の発行等」）。

　なお、自己株式については、P73の「One Point 解説」を再度一読してください。

　新たに株式を発行する場合にしても、既に保有する自己株式を処分する場合にしても、いずれも株式会社は、株式を「株主になろうとする者」に渡し、その対価として〔払込金額（株式の単価）×株式数〕に相当する金銭を得るという基本的な構図は変わらないことから、会社法は、両者を「募集株式の発行等」として同じ手続の下で規定しています。

　ただし、後述しますが、新株の発行は増資（資本金（の額）の増加）を伴いますので、本書も新株の発行を念頭に置いた説明としています。

(2) 「払込み」による資金調達と「資本金」の額

　「株主になろうとする者」により、新たに発行される株式の引受けが行われた後は、その者（「株式の引受人」と呼ばれます。）により「払込み」（出資の履行）が行われますが、この基本的な仕組みは、前節で説明した株式会社設立における「払込み」とほぼ同じものです。

第208条（出資の履行）
① 募集株式の引受人（現物出資財産を給付する者を除く。）は、

> 第199条第1項第4号の期日又は同号の期間内に、株式会社が定めた銀行等の払込みの取扱いの場所において、それぞれの募集株式の払込金額の全額を払い込まなければならない。

　株式の引受人が株式を得る対価として支払う出資については、「金銭出資」と「現物出資」がありますが、通常株式会社への出資といえば金銭出資が原則的な形態です。そして、この条文は、新株発行における金銭出資の場合には、「銀行等」に「払込み」がなされなければならない旨規定しています。条文中「第199条第1項第4号の期日又は同号の期間」という表現がありますが、これは端的に「払込み」の期日又は期間のことであると理解してください。

　「払込み」は、具体的には、新株を発行する株式会社の（名義の）銀行口座に株式引受人が金銭を振り込むことによりなされます。株式会社設立の際の「払込み」については、いまだ株式会社が設立されていませんので、発起人名義の銀行口座に金銭を振り込むのですが、新株発行の際の「払込み」については、株式を発行する会社が既に存在していますので、当該株式会社名義の銀行口座に金銭を振り込むことになります。

　振り込む金額については、前記「（重要ポイント）◎株式会社における出資の基本的構図」にもあるとおり、払込金額（株式の単価）×株式数となります。設立の場合と同様、払込金額は、新株を発行する個々の株式会社によって様々であり、上限もなければ下限もありませんが、新株発行の目的が資金調達（とそれに伴う増資）であることから、発行する株式数にもよりますが、払込金額が相応の額でなければその目的を達することはできません。

> **One Point 解説**
> 有利発行
> 　ただし、前項で説明した「株主割当て」以外の方法による新株発行において、払込金額が株式引受人に特に有利な金額である場合には、一定の手続が必要となります（199条2項・3項）。

　発行される株式数も、個々の株式会社によって様々ですが、これもやはり新株発行の目的から、相応の株式数でなければその目的を達することはできません。

　ただし、株式数の上限はあり、発行済みのものも含めたトータルの株式数は、株式会社設立時に定款で定め、登記されている「発行可能株式総数」の範囲内でなければなりません。例えば、P24に掲げた株式会社の登記記録例においては、発行可能株式総数が400株、発行済株式総数が200株となっていますが、このケースにおいて新たに株式を発行するのであれば、400－200＝200株の範囲内で発行することができるということになります。この範囲を超えて株式を発行するためには、発行可能株式総数そのものを増加させる必要がありますが、そのためには現行の発行可能株式総数を定めた定款を変更しなければなりません。

　なお、定款の変更は、株主総会における特別決議事項でした（P82）。

　そして、株式引受人から「払込金額×（引き受けた分の）株式数」に相当する金銭が株式会社の銀行口座に払い込まれ、その総額が株式会社の所有する財産となり（資金の調達）、株式会社はこれを元手にして更に事業を展開していくことになります。

　ここでP105に掲げた条文（445条1項）を再度見てください。新たに株式を発行する場合も設立の場合と同様に、払い込まれた金銭の総

額が原則として「資本金」の額となりますので、その額の分ほど従来の資本金額にプラスされたものが、株式会社の新たな資本金の額ということになります。また、新たに株式を発行しましたので、その分だけ発行済株式総数も増えることになります。

（注2）　江頭憲治郎『株式会社法（第7版）』（有斐閣、2017年）717頁

4　払込金保管証明制度の廃止

　株式会社は、最終的には「設立の登記」によって成立し（49条）、その登記事項は、911条3項各号に列挙されていますが、その中でも重要なものの一つとして「資本金の額」（5号）が挙げられます。また、新株の発行は、前節でも説明したとおり資本金の額の増加を伴いますので、この場合には登記事項である「資本金の額」も変更されることになります（915条、変更の登記）。

　そして、両者の場合とも計上されるのは払い込まれた金銭の総額であり（445条1項）、この払込みは銀行口座（設立の場合には発起人名義の銀行口座であり、新株発行の場合には株式会社名義の銀行口座でした。）に金銭が振り込まれることによりなされますが、登記を申請する際には、現実に払込みがなされたことを証明する書面が必要になってきます。これについては、かつては銀行が発行する「払込金保管証明書」がこの役目を担っていましたが、現行の会社法では「払込みがあったことを証する書面」（具体的には資本金額分（新株発行の場合には、その増額分）に相当する入金があったことを確認できる預金通帳の写し）で足りることとなっています（商業登記法47条2項5

号、同法56条2号)。

> **One Point 解説**
> **募集設立における払込金保管証明制度**
> 　ただし、設立の方法として一般的ではない募集設立については、払込金保管証明制度が残されています(商業登記法47条2項5号括弧書き)。

第7章　払込みの仮装をめぐる問題

　第1章では、会社法の基本的な概念と密接に関わる事件の典型例として「払込みの仮装」を取り上げました（P10以下）。本章では、前章の説明を前提にした上で、払込みの仮装についての基本的な考え方を、平成26年の会社法改正とも絡めながら説明していきます。さらには、具体的な設例の検討を通じて、会社法とともに貸借対照表についての理解も深めていくことにします。

1　払込みの仮装

　払込みの仮装とは、文字どおり払込みを仮装すること、すなわち払込みがなされていない（その実体がない）のにもかかわらず、あたかも払込みがなされた（その実体がある）かのように装うことであり、このような払込みは法律上無効とされています。
　払込金保管証明制度の廃止された発起設立の場合を例にして、払込みの仮装について以下具体的に説明していきます。払込金額を5万円、株式数を600株とし（「資本金の額」については、5万円×600株＝3,000万円を全額計上するとします。）、発起人をAの1名のみとする発起設立の方法により、甲株式会社が設立されるケースを想定してみましょう（実務では、このような発起人1名のみによる株式会社設立も十分あり得ます[注1]。）。
　この場合、
　　①　Aが第三者から3,000万円を一時的に借りてきて（金銭消費貸借）

② すぐにこれを自己名義（すなわち発起人名義）の銀行口座に入金し（払込み）

　③ 直後、Ａはその入金が記帳されている預金通帳をコピーし

　④ さらにその直後、Ａは入金した3,000万円を全額引き出し、第三者に返した（金銭消費貸借における債務の弁済）

とします。

　Ａは、甲株式会社設立の登記申請をする際、資本金3,000万円が現実に払い込まれていることを証明する書面が必要となってきますが、これについては③の預金通帳のコピーで足ります（Ａが「払込証明書」と題する表紙を作成し、それに預金通帳のコピーを綴ればＯＫです。）。したがって、ほかには定款等を用意すれば登記申請は可能となり、申請が受理されれば、甲株式会社の設立の登記がなされることになります。

　この場合、甲株式会社の登記は、

　　　　発行済株式の総数　　600株

　　　　資本金の額　　　3,000万円

となります。しかし、上記①～④の流れのとおり、甲株式会社が事業を立ち上げるために準備された3,000万円、これは甲株式会社にとっては元手となるものですが、現実には事業を起こす元手となることもなく、当初から存在しなかったのと同様の結果に終わっています。したがって、このような払込みには実体がなく、法律上無効であり、前記登記事項についても同様のことがいえます。

　ただ、ここで注意していただきたいのは、払込みが無効か否かについては、出金された資本金の使途先等によって左右されることになるということです。これについては、第１章（Ｐ14以下）でかみ砕いた説明をしていますので、記憶があやふやな方は、当該箇所を再度確認してください。

そして、この判断基準について判例は「会社成立後借入金返済までの期間の長短、払込金が会社資金として運用された事実の有無、借入金返済の会社の資金関係に及ぼす影響等を総合的に観察し、払込み当時の仮装行為性を判断する」(注2)としています。

それでは払込みが無効であると認定された場合、事件の擬律としては、どのように考えていけばよいのでしょうか。先ほども説明したとおり、甲株式会社の登記における「発行済株式の総数　600株」と「資本金の額　3,000万円」については、その実体はなく、事実上存在しないものといえます。したがって、実体がないものをあるものとして（事実上存在しないものを存在するものとして）、電磁的記録である商業登記簿の磁気ディスクに不実の記録をさせたとして電磁的公正証書原本不実記録・同供用罪（刑法157条1項・158条1項）で擬律していくことになります(注3)。

なお、この想定事例でもお分かりのとおり、払込金保管証明制度の廃止が払込みの仮装を助長するおそれがある旨指摘されています。一方で、たとえ払込金保管証明制度を採ったとしても、払込みの仮装を防止することは困難であるとの指摘もあります(注4)。

(注1)　江頭憲治郎『株式会社法（第7版）』（有斐閣、2017年）27頁、60頁
(注2)　最判昭和38.12.6民集17巻12号1633頁。
　　　　なお、本文中の記載は、田澤元章「仮装払込の態様と効果」〔浜田道代・岩原紳作編『会社法の争点』（有斐閣、2009年）30頁〕から引用しました。判例の内容が分かりやすくまとめられています。
(注3)　拙稿であることをお断りした上で「捜査における民商事の必要性」警察学論集66巻11号（2013年）117頁以下を引用します。～「電磁的公正証書原本不実記録罪の構成要件は刑法157条1項が規定するところ、その客体である「権利若しく

は義務に関する公正証書の原本として用いられる電磁的記録」の代表的なものとしては、商業登記簿や不動産登記簿が挙げられる。捜査実務でもよく扱う事案は、法務局登記官に対し「虚偽」の申立てをして商業登記簿等に「不実」の記録をさせるものであろう。そして、商業登記簿等の記録内容が「不実」であるか否かの判断をしていくためには、「不実」性が問題とされる商業登記簿等の当該部分について実体的な法律関係が存在するのか否か、その私法上の―すなわち会社法上や民法上の―有効・無効を判断していくことが必要となる（注〜「払込み」の仮装につき「払込み」の私法上（会社法上）の有効・無効と「不実」性の関係については、芝原邦爾『経済刑法研究（上）』（有斐閣、2005年）253頁、本江威憙監修『民商事と交錯する経済犯罪Ⅲ』（立花書房、1997年）370頁以下）。」〜

　なお、払込みの私法上（会社法上）の有効・無効と「不実」性の関係について触れた比較的新しい文献としては、田澤元章「見せ金と公正証書原本不実記載罪」〔岩原紳作ほか編『会社法判例百選（第3版）』（有斐閣、2016年）〕211頁が挙げられます。そこでは、最決平成3．2．28刑集45巻2号77頁について、「公正証書原本不実記載罪（刑157条1項）の成否を私法上の払込みの効力に基づいて判断する立場を示した」ものであるとしています。

（注4）　酒巻俊雄・龍田節『逐条解説会社法　第1巻　総則・設立』（中央経済社、2008年）316頁

One Point 解説

会社法による最低資本金制度の撤廃と払込みの仮装

　平成18年5月に施行された会社法は、最低資本金制度を撤廃しました（P105）。また、資本金の額に相当する財産が実際に会社に拠出されることをいう「資本充実の原則」については、会社法

の下では存在しない、あるいは緩和されたとする考え方もあります(注5)。

　以上のことが払込みの仮装の認定とその擬律にどのような影響を与えていくのかについては、前記不実記録罪の成立を認めつつも「資本充実の原則を反映する従来の最低資本金の制度がなくなった以上、見せ金による会社設立に対する処罰の実質的な意味合いというものが低減したという面があることは認めざるを得ない」(注6)との指摘には留意しておく必要があるでしょう。

（注5）　神田秀樹『会社法（第20版）』（弘文堂、2018年）299頁、小林量「株主有限責任と資本の諸原則」〔浜田道代・岩原紳作編『会社法の争点』（有斐閣、2009年）18頁〕
（注6）　城祐一郎『特別刑事法犯の理論と捜査〔1〕』（立花書房、2010年）38頁

　なお、上場会社の新株発行において払込みの仮装が行われた事案について、その情を秘し、払込みにより資金が調達され、新株が発行された旨の虚偽の事実を公表し、もって有価証券の取引のため、偽計を用いたとして金融商品取引法違反（偽計取引、金融商品取引法158条・197条1項5号）で事件化したものがあります。偽計取引の意義については、事実を隠して取引を進めることをいうと解してよいとされており、158条が包括的な詐欺禁止規定として活用されつつあることも指摘されています(注7)。上場会社の新株発行における払込みの仮装事案について金融商品取引法による事件化の切り口があるということには留意しておくべきでしょう(注8)。

（注7）　黒沼悦郎『金融商品取引法入門（第7版)』（日経文庫、

2018年）187頁、188頁
（注8）　龍岡資晃監修『経済刑事裁判例に学ぶ不正予防・対応策―法的・会計的視点から―』（経済法令研究会、2015年）254頁以下は、「新株払込金の流出を秘して増資・資本増強がされた旨を社外の者が役員らを通じて公表した行為が「偽計」に当たるとされた事例―ペイントハウス事件（東京地判平成22．2．18判例タイムズ1330号275頁）」等について解説しています。

　なお、同書においては、前記事例の特殊性として「１審は、払込や増資自体を無効とする証拠がないと判断しており、仮に公正証書原本不実記載罪で起訴されていたならば無罪となった可能性もある点、見せかけの架空増資で「偽計を用い」たとして起訴された初めての事案である点が本件の特殊性といえよう」としています。

2　払込みの仮装に関する平成26年の会社法改正

　平成26年の会社法改正においては、払込みの仮装が行われた場合、仮装行為を行った「株主になろうとする者」（発起人・株式の引受人）に対し、株式会社への仮装出資額分の金銭支払義務を負わせています（52条の２第１項１号、213条の２第１項１号）。また、払込みの仮装に関与した取締役等についても同様の義務を負わせています（52条の２第２項、213条の３第１項）。これらは払込みの仮装が行われた場合の法律関係を明確にするために設けられたものですが、これらの規定に関連して以下の２点に留意しておく必要があります。

　１点目は、払込みの有効・無効の問題です。前述したとおり、払込みの仮装について電磁的公正証書原本不実記録等罪での擬律を検討していく場合、払込みが無効か否かを判断していく必要があります。そ

して、この点については会社法に新たに設けられた前記規定に関連して「仮装出資規制の下では、払込みの仮装につき支払義務（会社法52条の2第1項1号等）が生じることを前提として、仮装払込みの効力は解釈に委ねられ（坂本三郎編著『一問一答平成26年改正会社法〔第2版〕』〔2015〕160頁）、無効説が多数説である（久保田安彦「株式の仮装払込み」法セ734号88頁）」(注9)とされているように、会社法改正下においても仮装の払込みを無効とする考え方が一般的です(注10)。

　2点目は、犯罪事実の構成にも関わってきますが、登記記録のどの部分について不実性（実体の不存在）を認めていくのかという問題です。一般的には、「発行済株式の総数」欄と「資本金の額」欄について不実性を認めていくこととなります(注11)が、これに対しては、会社法改正等を根拠とした異見もあること(注12)に留意しておいてください(注13)。

- （注9）　田澤元章「見せ金と公正証書原本不実記載罪」〔岩原紳作ほか編『会社法判例百選（第3版）』（有斐閣、2016年）〕211頁。
- （注10）　江頭憲治郎『株式会社法（第7版）』（有斐閣、2017年）82頁、767頁。神田秀樹『会社法（第20版）』（弘文堂、2018年）54頁、165頁。
　　　なお、無効説の根拠として、岩原紳作・神田秀樹・野村修也『平成26年会社法改正—会社実務における影響と判例の読み方』（有斐閣、2015年）52頁は、「出資の仮装がされた場合、出資の効力は否定されるとしても」とした上で、この部分を受けた脚注において「出資自体を有効と解する説も考えられるが、新設された仮装者の履行義務や関与者の責任が説明できなくなる点で不都合が生ずる」としています。
- （注11）　田澤・前掲（注9）211頁は、「見せ金による会社不存在に至らない瑕疵がある設立や増資の場合は、資本金の額や発行済株式総数の登記（会社911条3項5号・9号）について同

罪（公正証書原本不実記載罪を指す。筆者）が成立する（例えば、大阪地判平成11.10.27判タ1041号79頁、最決平成17.12.13刑集59巻10号1938頁）」としています。

(注12) 例えば、「発行済株式総数」欄については実体があり、「資本金の額」欄について不実性を認める見解として、久保大作ほか『ひとりで学ぶ会社法』（有斐閣、2018年）169頁以下は、仮装の払込みを無効としつつ、株式の成立は認めた上で、「仮装された出資の履行のもとでも株式は成立すると解した場合、発行済株式総数が増加する旨の登記は正しいから、この点は不実記載とはならない。もっとも、株式会社においては資本金の額も登記事項であり（911条3項5号）、また払込みによって増加する資本金の額は実際に払い込まれた財産の額（445条1項）であるが、払込みを仮装する場合、実際の払込額よりも大きな額が資本金の額として登記されるだろう。この点をとらえて公正証書原本不実記載罪が成立すると考えられる」としています。

なお、本江威憙監修『民商事と交錯する経済犯罪Ⅲ』（立花書房、1997年）372頁以下は、平成17年改正前商法（「One Point解説 会社法の制定と改正」21頁）下における見解として、発起人や取締役に払込・引受担保責任が課せられていること（これは平成26年の会社法改正により設けられた規定と類似するものです。）を前提にした上で、貸借対照表上にはこれらの担保責任を根拠とした「資本金の額」に見合う債権すなわち資産が存在することを根拠に「資本金の額」欄については不実と見るのは相当ではないとしています（一方で「発行済株式の総数」欄については、不実性を認めます。）。

(注13) 理解の一助として付言しますと、本文中の2つの論点については関係している面もあります。払込みの仮装については、

　　① 払込みは有効 or 無効

という問題の延長線上に

　　② 株式発行は有効 or 無効（株式は成立 or 未成立）

という問題があります。

そして、①が有効であれば②も有効であり、一方、①が無効であれば②も無効である、と考える方が論理的に単純で分かりやすいのですが、①は無効としつつも会社法改正（52条の2第4項、209条2項）下においては②は有効である、とする考え方に基づくものが、久保・前掲（注12）なのです。

3　設例の検討～払込みの仮装の擬律と会計面からの理解

(1)　設例

払込みの仮装が事件として問題になるのは、架空設立よりも架空増資の方でしょうから、増資（新株発行）の設例を以下に掲げます。

> 設例：Aは、甲株式会社の代表取締役であるが、<u>事業に関連した業法の許認可を取得</u>[1]したり、金融機関から運転資金の融資を受けやすくするために、増資を行うこととした。
> 　甲株式会社は、<u>会社法上の公開会社</u>[2]ではあるものの（下記「甲株式会社の概要」参照）<u>非上場会社</u>[3]であり、株主であるA、B及びCには資金面に不安があったことから、増資は、新たに発行される株式の全部を甲株式会社の取引先であるX（個人）が引き受ける「第三者割当て」の方法によることとし、代表取締役であるA主導の下、<u>取締役会において</u>[4]、
> 　　　払込金額（株式の単価）　　　5万円
> 　　　発行株式数　　　　　　　　　400株
> 　　　資本金組入額は全額
> とすることなどが決定された。
> 　新たに発行する株式を引き受けたXは、すぐに払込みの全額

である2,000万円（5万円×400株）を、払込取扱場所である乙銀行丙支店に開設された甲株式会社名義の普通預金口座に入金した。

　即日、Aは、上記2,000万円の入金が記帳されている甲株式会社名義の預金通帳をコピーし、これを添付することにより、司法書士を介して甲株式会社の新株発行による変更登記を申請し、同社の登記記録は以下のように変更された。

　　　発行済株式の総数　　　　600株→1,000株
　　　資本金の額　　　　　　3,000万円→5,000万円

〔甲株式会社の概要〕
　目的：情報システムに関するコンサルティング等
　資本金：3,000万円（変更登記により5,000万円に）
　発行済株式総数：600株（変更登記により1,000株に）
　株式の譲渡制限に関する規定：なし
　役員に関する事項：取締役はA、B及びC（代表取締役はA）
　取締役会設置会社に関する事項：取締役会設置会社
　（注）　BはAの配偶者、CはAの実母

　設例の中には、まだ説明していない言葉も散見されるでしょうから、問いの検討に入る前に、設例の事実関係について簡単に説明しておきます。

　まず下線部(1)には「事業に関連した業法の許認可を取得」とありますが、例えば、建築基準法に基づく建築確認の業務を行うためには、国土交通大臣や都道府県知事から指定確認検査機関としての指定を受けることが必要ですが、このためには資本金が一定額以上でなければなりません。また、債権管理回収業に関する特別措置法に基づく

債権回収会社としての許可を受けるためにも資本金が一定額以上であることが必要です。そして、これらの資本金規制を免れる目的で払込みの仮装が行われた事例もあります(注14)。

続いて下線部(2)には「会社法上の公開会社」とあります。これについては、取締役会の設置等とも関連する重要な概念ですので、第8章で説明しますが、とりあえず「株式の譲渡制限」（P78）がない（株式を自由に譲渡（売買）できる）会社のことであると理解してください。この場合には、下線部(4)にあるとおり、新しく株式を発行することについては、株主総会ではなく、取締役会で決定することができます（201条1項、199条1項・2項）。

なお、下線部(3)には「非上場会社」とありますが、これについては「株式の譲渡制限」とも絡めて第1章（P26）で説明していますので、記憶があやふやな方は、当該箇所を再度確認してください。そこでは、非上場会社については、その大部分が株式譲渡制限規定を置いている旨説明しましたが、この設例においては、甲株式会社は非上場会社なのですが、株式譲渡制限規定を置いていないということになります。

(2) 問い

設例を前提にした上で、以下の各事実が判明した場合、払込みが無効であるとして電磁的公正証書原本不実記録・同供用罪で擬律していくことは可能でしょうか。それぞれ検討してみてください。

> （問1） Xは、自己の知人であるYから2,000万円を借り受け、それを甲株式会社名義の普通預金口座に入金した。
> その翌日、甲株式会社の代表取締役であるAは、これを出金し、営業資金として費消することとした。

確認の意味で、あえてこの問いを設けました。このケースについて擬律が可能ではないかと思った方は、再度、第1章（P14以下）を読み返してください。

繰り返しになりますので簡潔にまとめますと、株式会社が払い込まれた資本金を会社の事業資金としてつかうことは当然の話です。また、出資者も、誰かから金を借り、それを原資にして出資したとしても、特に問題はありません。

（問2）　Xは、自己の知人であるYから2,000万円を借り受け、それを甲株式会社名義の普通預金口座に入金した。
　　その翌日、甲株式会社の代表取締役であるAは、これを出金してXに返し（会計上は「甲株式会社のXに対する貸付け」として処理）、Xは、直ちにこれをもってYに対する2,000万円の債務を弁済した。

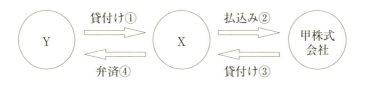

問題となるのは、上記図③・④の部分です。Aは甲株式会社の代表取締役であり、甲株式会社の業務執行機関（P44）ですので、甲株式会社の事業資金として払い込まれた2,000万円を出金して使う権限はあります。しかし、問題なのはその使途先であって、払い込まれた2,000万円は甲株式会社の財産として甲株式会社の事業のために使われなければならないところ（P16）、このケースにおいては、2,000万円はAからXに「甲株式会社のXに対する貸付け」名目で還流され、Xはこれを使って自己の債務を弁済しています。

したがって、このケースを全体としてみれば、払い込まれた2,000

万円は、甲株式会社の「資本金」として事業資金になることもなく、当初から存在しなかったのと同様の結果に終わっていますので、このような払込みには実体がなく、会社法上無効であると解されています。そして、払込みが会社法上無効であるとされれば、甲株式会社の登記記録における「発行済株式の総数」欄と「資本金の額」欄については実体がない「不実」なものであるとして電磁的公正証書原本不実記録・同供用罪として擬律していくこととなります。

ただ、注意しなければならないのは、このような典型的な払込みの仮装事案であっても、捜査上の隘路はあるということです。このことを貸借対照表（P 106）がどのように変化していくのかという点から、以下、考察していきます。

まず前記図②の払込みにより、甲株式会社の貸借対照表においては、以下の部分が付け加わります(注15)。

貸 借 対 照 表
甲株式会社　令和〇年〇月〇日　（単位：円）

現金預金	20,000,000	資 本 金	20,000,000

甲株式会社の資本金の額は、当初30,000,000円ですし、設例の増資が行われるまでに甲株式会社が借金をしていれば、その額も貸借対照表には計上されます（P 120）が、話を分かりやすくするために、設例の増資により付け加わる部分のみを示しています。

なお、前記図①のX・Y間の金銭消費貸借は、あくまでもX・Y間の取引であり、甲株式会社の財産には何ら増減を与えませんので、これにより甲株式会社の貸借対照表が変化することはありません。

続いて前記図③の貸付けについてです。これによって、甲株式会社からＸへ増資分相当額の20,000,000円が還流されることとなりますが、この部分については、なにがしかの法的処理が必要となるところ、設例においては、Ａはこれを貸付け（金銭消費貸借）として処理しています。このことによって、前記・甲株式会社の貸借対照表（付け加わった部分）は、以下のようになります(注16)。

貸 借 対 照 表

甲株式会社　令和○年○月○日　（単位：円）

貸付金	20,000,000	資本金	20,000,000

　これを一見しますと、右側の資金の調達源泉である「資本金」に対応する左側の資金の運用形態は、「貸付金」という金銭債権として残存しており、「資本金」の額として計上された20,000,000円には債権の形で実体がともなっている、といえなくもありません。

　しかし、「貸付金」債権は貸借対照表上残存はするものの、これはあくまでも名目的な債権であり、その実質的な資産性は否定されますので、結局「資本金」の額20,000,000円には実体がともなっていないということになります。このことは反面、貸借対照表上に残存する「貸付金」債権に実質的な資産性が生じてくる場合には、「資本金」の額20,000,000円には実体があり、払込みも有効と解される余地が生じてくることになります(注17)。設例のような典型的な払込みの仮装事案であっても、常にこのことは意識しておく必要があるでしょう。

　なお、最後に付け加えておきますと、前記図④のＸ・Ｙ間の金銭消費貸借の弁済は、あくまでもＸ・Ｙ間の取引であり、甲株式会社の財

産には何ら増減を与えませんので、これも甲株式会社の貸借対照表に変化をあたえることはありません。

(注14)　落合誠一編『会社法 Visual Materials』（有斐閣、2011年）30頁、31頁
(注15)　会計処理は、
　　　　（借）現金預金　20,000,000　　（貸）資本金　20,000,000
　　　　となります。
(注16)　会計処理は、
　　　　（借）貸付金　20,000,000　　（貸）現金預金　20,000,000
　　　　となります。
(注17)　問2と類似した払込みの仮装の設例になりますが、問2の図①のX・Y間の金銭消費貸借におけるXの債務について、甲株式会社が連帯保証人となり、図②の払込み後、甲株式会社の代表取締役Aがこれを出金してYに弁済した場合、甲株式会社はXに対して民法459条に基づく求償債権を有することになります。田中亘『会社法（第2版）』（東京大学出版会、2018年）493頁は、このような設例においてXが倒産寸前の状況にあり、到底確実な債務弁済能力がなかったことを前提とした上で、求償債権は名目的なものにすぎず、判例は「会社の営業資金は何ら確保されていないため、法律上、有効な払込みがあったとは認められないとしている（最決平成3．2．28刑集45巻2号77頁［百選　103．商判Ⅰ-186]）。もっとも、判例は、株式会社が引受人に信用を供与した場合一般に、払込みを無効とする趣旨ではない。引受人に資力があるため、会社の引受人に対する債権に実質的な価値があると認められる場合は、払込みは有効とされている（最判昭和42．12．14刑集21巻10号1369頁［百選　Ap40．商判Ⅰ-185]）。」としています。「信用の供与」という言葉が出てきますが、これは「一般的には、銀行等が行う貸付けと債務の保証」（法令用語研究会編『有斐閣　法律用語辞典（第4版）』（有斐閣、2012年）646頁）とされています。問2においては、甲

株式会社が新株引受人であるXに対して行う貸付けやXの債務の保証がこれに該当します。

なお、田澤元章「仮装払込の態様と効果」浜田道代・岩原紳作編『会社法の争点』（有斐閣、2009年）31頁は、会社資金による払込みのうち「債権発生方式」（会社が払込資金を株式引受人に貸し付ける方法によるもの）について「判例も、借入人の弁済能力等から総合的に判断して、貸付債権が会社の実質的な資産であると評価することができない場合は、仮装払込として無効とする（東京地判平成18．5．25判時1941号153頁〔刑事事件として最決平成17．12．13刑集59巻10号1938頁〕、最決平成3．2．28刑集45巻2号77頁）」としています。このパターンの簡易な具体例として以下のものを挙げておきます。

> 例：Xは、甲株式会社（代表取締役A）から2000万円を借り受け（会計上も「甲株式会社のXに対する貸付け」として処理）それを原資として甲株式会社の普通預金口座に入金した。

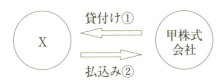

第8章　その他の重要な概念や制度

　第2章から第4章まで、そして第6章においては、株式会社法制についての基本的な仕組みについて説明してきました。ほかにも株式会社については多くの制度や概念があるのですが、本書の趣旨が「必要最低限度のことがら（考え方）を極力分かりやすく説明する」（改訂改題前はしがき）ものであることから、最も基本的なことがらに絞って、これを取り上げて説明してきました。会社法になって多くの新しい制度が導入されましたが、これらの制度を理解していく上でも、第2章から第4章などに書かれてあることは前提となってくるでしょう。

　本章では、最後に、これだけは知っておいていただきたい2、3の概念や制度を取り上げ、今まで本書で説明してきた株式会社の基本的な仕組みと関連させながら説明することにします。

1　監査役

　「第2章　法人という法的技術とその業務執行」においては、株式会社が法人であること、そして、それゆえに株式会社の行為を担うものとして業務執行機関が必要であること等について説明しました。

　株式会社の実質的所有者である「株主」により「取締役」が選ばれ（場合によっては「取締役会」が構成され）、さらにはその取締役の中から（取締役会の中から）「代表取締役」が選ばれて、これらの機関が株式会社の業務執行（やその意思決定）を行いました。

　ただ、代表取締役等の業務執行が適正に行われれば問題はないので

すが、業務執行の過程で、代表取締役等が個人の利害を優先させてしまい、法令や定款に違反する行為をすることもあり得ます。この場合、株式会社の実質的所有者である株主が、株式会社のために、代表取締役等の行為をチェックするという方法もあるのですが、株式会社の規模が大きく、株主数も多数に及ぶ場合には、株主によるチェックも困難となってきます。したがって、会社法は、別に「監査役」という機関を設け、監査役が株主の代わりに代表取締役等の行為をチェックできることとしています（381条）。「監査（役）」という言葉のイメージからは、会計に関する監査のみを考えがちですが、原則的には株式会社の業務全般に関する監査を意味するものと考えてください。

監査役の選任・解任については、取締役の場合と同様、株主総会の決議事項であり、これは、株式会社の実質的所有者である株主に監査役の選任・解任を委ねるということです。もっとも監査役を置くか否かについては、それぞれの株式会社の判断に委ねられ（326条、P 47の「One Point 解説」）、監査役が置かれている場合には、当該会社の定款にその旨が記載され、登記にもその旨が記載されています。

※　ただし、取締役会設置会社については監査役を置かなければならないことについては次節参照。

2　公開会社・非公開会社

「第4章　株式会社制度の理解のために」においては、株式会社の実態として圧倒的多数を占める非上場会社については、そのほとんどのものが、
　○　全部の株式の譲渡について株式会社の承認を要する旨の定款規定が置かれている株式会社

である旨説明しました。そして、このような株式会社のことを「非公開会社」といいます。

　一方で「公開会社」という概念も当然あるのですが、これを定義する２条５号を一読しただけでは、その内容を理解するのは難しいと思いますので、説明の仕方としては逆になりますが、まずは「非公開会社以外の株式会社が公開会社である」と理解してください。

　したがって、公開会社には、

　①　全部の株式の譲渡について株式会社の承認を要する旨の定款規定がない株式会社

が該当してきますが、もう一つ、

　②　一部の株式の譲渡について株式会社の承認を要する旨の定款規定がない株式会社（これはすなわち、一部の株式以外の、残部の株式については、その譲渡に株式会社の承認を要する旨の定款規定が置かれていることになります。）

も該当してくることになります。

　ところで、株式会社の登記を扱った経験が豊富な方は気付いていると思いますが、公開会社の前記２つの類型のうち②の類型については、極めて少ない──まず目にすることはないといってもいいくらい──のが実態です。これについては、一部の株式についてのみ定款による譲渡制限を可能とする仕組みは、会社法により新しく採用されたものであり、特別な場合を除いてそのような仕組みを採る株式会社はあまり登場しないとも推測されています[注1]。したがって、公開会社については、ほぼイコール前記①類型であると理解したほうが分かりやすいといえるでしょう。

　なお、株式の上場のことを「株式の公開」と呼ぶこともあり、同様に、上場会社のことを「公開会社」と呼ぶことも従来はあったのですが、会社法では「公開会社」の定義づけがなされ、それは株式市場と

は関係のないものになっています。したがって、最近では、上場会社の意味では「公開会社」という言葉を使わなくなりつつあります。

> **One Point 解説**
>
> 「種類株式」制度
> 　公開会社の②の類型は、種類株式制度を採るものです。
>
> > 第108条（異なる種類の株式）
> > ①　株式会社は、次に掲げる事項について異なる定めをした内容の異なる2以上の種類の株式を発行することができる。
> > 　1　剰余金の配当
> > 　2　残余財産の分配
> > 　3　株主総会において議決権を行使することができる事項
> > 　4　譲渡による当該種類の株式の取得について当該株式会社の承認を要すること。
> > （5号以下　略）
> > ※注　読みやすさを優先させるために、ただし書を省略しました。

　まず本文部分が若干難解な表現となっておりますが、これは要するに「株式としての内容が異なる」ということです。株式とは株式会社に対する様々な権利をまとめたものでしたが（P59「(重要ポイント）◎権利の総体としての株式」）、株式としての内容が異なるということは、一つには株式を構成する様々な権利（剰余金配当請求権、株主総会における議決権等）が異なるということであり、前記条文1～3号の規定するものがこれに該当してきます。さらには株式そのものの譲渡性についても異なる扱いを認めていこうというのが前記条文4号の規定ということになります。

そして、公開会社であるということは、その株式を第三者に譲渡（売却）されることが想定されていますので、株主が多数に分散化されるとともに、頻繁に株主が変わるということも想定されてきます(注2)。

他方、非公開会社については、その逆のことがいえるでしょうから、ちょっと大雑把な例えになりますが、

　　　非公開会社　→　株主が少数で、まとまっている。
　　　公 開 会 社　→　株主が多数で、まとまっていない。

とイメージしてください。

そうなりますと、公開会社の場合には、株主が株主総会の決議を通して株式会社の業務執行に関与していくということはあまり期待できませんので、業務執行の決定を専門的に行う「取締役会」を置く必要が生じてきます（327条1項1号）。

そして、取締役会が置かれますと、業務執行に関する機関の規模が大きく、かつ専門的になりますので（「業務執行に関する意思決定機関としての取締役会」と「業務執行機関としての代表取締役等」、P50以下）、これらの機関を個々の株主がチェックしていくことは困難となります。

したがって、株主に代わって、業務執行に関する機関を別にチェックする機関、すなわち「監査役」の設置が必要となってきます（327条2項）。

（注1）　神田秀樹『会社法入門　新版』（岩波新書、2015年）P52
（注2）　典型的なものは上場会社です。上場会社の株式は、株式市場において常に売買されることが想定されていますので、譲渡制度規定が置かれることはありません。そもそも各証券取引所（金融商品取引所）は、譲渡制限規定の置かれた会社の

株式については上場を認めていません。

3　大会社・非大会社（中小会社）

「第6章　株式の発行の基本的な仕組み」においては、株式会社の設立又は新株の発行において、発行される株式の対価として払い込まれた金銭の総額は、原則として「資本金」の額になることを、貸借対照表を使って具体的に説明しました。

ここで再度P107の貸借対照表を見てください。この株式会社の資本金の額は1,500万円ですが、これが5億円以上である株式会社を「大会社」といい（2条6号）(注3)、それ以外の株式会社を「非大会社」（あるいは「中小会社」）といいます。2条6号中には「最終事業年度に係る」という文言がありますが、これは第6章でも説明したとおり、株式会社が新しく株式を発行して払込みを受ければ、その分資本金の額が増加しますので、いつの時点の資本金の額かを特定させるためのものです。

そして、資本金の額が大きければ大きいほど、株式会社の事業規模も大きくなり、取引先（会社債権者）も多数に及んできます。そうなりますと、株式会社の会計も複雑なものとなりますし、他の企業（会社）ひいては経済活動全般に及ぼす影響も無視できないものとなりますので、会社法は、大会社について一定の規制を行っています。

その代表的なものは、大会社には「会計監査人」を置かなければならないとしたことであり（328条）、そして、会計監査人は、大会社の会計について監査を行います（396条）。会計監査人とは、公認会計士又は監査法人のことですが（337条1項）、実際には、複数人の公認会計士から構成される監査法人（公認会計士法1条の3・3項）が大会

社の会計監査を行うのが一般的です。

　なお、株式会社の数や、そのうちの上場会社の数は、P28掲載のとおりですが、大会社の数については、8,000社と推測されています[注4]。

　ところで、上場会社については、金融商品取引法に基づき有価証券報告書を提出しなければなりませんが、その有価証券報告書については、監査法人（又は公認会計士）による監査証明を受ける必要があります。この監査証明を行う監査法人については、会社法上の会計監査人と同一であるのが通常です[注5]。

- （注3）　正確には、負債額（P110の貸借対照表においては、「借入金　14,999,999」の部分が該当します。）が200億円以上の株式会社も大会社に該当してきます。
- （注4）　神田秀樹『会社法（第20版）』（弘文堂、2018年）P7
- （注5）　江頭憲治郎『株式会社法（第7版）』（有斐閣、2017年）P618

〔参考文献〕

　最後に、本文中個別の箇所で示したものも含めて、参考文献を以下に掲げておきます。

　岩原紳作ほか編『平成26年会社法改正――会社実務における影響と判例の読み方』（有斐閣、2015年）
　岩原紳作ほか編『別冊ジュリスト　会社法判例百選　第3版』（有斐閣、2016年）
　江頭憲治郎『株式会社法　第7版』（有斐閣、2017年）
　落合誠一編『会社法コンメンタール21　雑則(3)・罰則』（商事法務、2011年）
　落合誠一編『会社法 Visual Materials』（有斐閣、2011年）
　神田秀樹『会社法　第20版』（弘文堂、2018年）
　神田秀樹『会社法入門　新版』（岩波新書、2015年）
　久保大作ほか『ひとりで学ぶ会社法』（有斐閣、2018年）
　黒沼悦郎『金融商品取引法入門　第7版』（日経文庫、2018年）
　酒巻俊雄・龍田節『逐条解説会社法　第1巻　総則・設立』（中央経済社、2008年）
　酒巻俊雄・龍田節『逐条解説会社法　第4巻　機関・1』（中央経済社、2008年）
　須藤純正『民商事と交錯する経済犯罪Ⅰ〔横領・背任編〕』（立花書房、1994年）
　城祐一郎『特別刑事法犯の理論と捜査〔1〕』（立花書房、2010年）
　龍岡資晃監修『経済刑事裁判例に学ぶ不正予防・対応策――法的・会計的視点から――』（経済法令研究会、2015年）
　田中亘『会社法　第2版』（東京大学出版会、2018年）
　西田典之（橋爪隆補訂）『刑法各論　第7版』（弘文堂、2018年）
　浜田道代・岩原紳作編『会社法の争点』（有斐閣、2009年）
　法令用語研究会編『有斐閣　法律用語辞典　第4版』（有斐閣、2012年）

付　録

参考重要条文集

- ○ 会社法〔抄〕……………………………………………… *144*
- ○ 商業登記法〔抄〕………………………………………… *166*
- ○ 金融商品取引法〔抄〕…………………………………… *167*

　読者の方が六法なしでも本書を読んでいただけるように、巻末に「参考重要条文集」を付けました。

　本文中で逐一掲げた重要条文については、正確性よりも意味内容の理解しやすさを優先させるために、括弧書きの箇所やただし書を省略したところもありますが、ここでは原文に触れていただくために、そのような省略はしていません。また、本文中では根拠条文として条数のみ掲載したものについても、ここでは逐一条文を掲げるようにしました。参考にしてください。

　なお、本文の内容と直接に関係しない項・号については、省略するようにしました（レイアウト上、（略）と掲示したものもあれば、そうでないものもあります。）。

○ 会社法〔抄〕（平成17年7月26日法律第86号）

最近改正　令和元年5月17日法律第2号

第2条（定義）
　この法律において、次の各号に掲げる用語の意義は、当該各号に定めるところによる。
　1　会社　株式会社、合名会社、合資会社又は合同会社をいう。
（2～4号の2　略）
　5　公開会社　その発行する全部又は一部の株式の内容として譲渡による当該株式の取得について株式会社の承認を要する旨の定款の定めを設けていない株式会社をいう。
　6　大会社　次に掲げる要件のいずれかに該当する株式会社をいう。
　　イ　最終事業年度に係る貸借対照表（第439条前段に規定する場合にあっては、同条の規定により定時株主総会に報告された貸借対照表をいい、株式会社の成立後最初の定時株主総会までの間においては、第435条第1項の貸借対照表をいう。ロにおいて同じ。）に資本金として計上した額が5億円以上であること。
　　ロ　最終事業年度に係る貸借対照表の負債の部に計上した額の合計額が200億円以上であること。
（7号以下　略）

第3条（法人格）
　会社は、法人とする。

第25条〔設立・総則〕
① 株式会社は、次に掲げるいずれかの方法により設立することができる。
　1　次節から第8節までに規定するところにより、発起人が設立時発行株

式（株式会社の設立に際して発行する株式をいう。以下同じ。）の全部を引き受ける方法
2　次節、第3節、第39条及び第6節から第9節までに規定するところにより、発起人が設立時発行株式を引き受けるほか、設立時発行株式を引き受ける者の募集をする方法

第26条（定款の作成）

① 株式会社を設立するには、発起人が定款を作成し、その全員がこれに署名し、又は記名押印しなければならない。

第34条（出資の履行）

① 発起人は、設立時発行株式の引受け後遅滞なく、その引き受けた設立時発行株式につき、その出資に係る金銭の全額を払い込み、又はその出資に係る金銭以外の財産の全部を給付しなければならない。ただし、発起人全員の同意があるときは、登記、登録その他権利の設定又は移転を第三者に対抗するために必要な行為は、株式会社の成立後にすることを妨げない。

② 前項の規定による払込みは、発起人が定めた銀行等（銀行（銀行法第2条第1項に規定する銀行をいう。第703条第1号において同じ。）、信託会社（信託業法第2条第2項に規定する信託会社をいう。以下同じ。）その他これに準ずるものとして法務省令で定めるものをいう。以下同じ。）の払込みの取扱いの場所においてしなければならない。

第47条（設立時代表取締役の選定等）

① 設立時取締役は、設立しようとする株式会社が取締役会設置会社（指名委員会等設置会社を除く。）である場合には、設立時取締役（設立しようとする株式会社が監査等委員会設置会社である場合にあっては、設立時監査等委員である設立時取締役を除く。）の中から株式会社の設立に際して**代表取締役**（株式会社を代表する取締役をいう。以下同じ。）となる者（以下「**設立時代表取締役**」という。）を選定しなければならない。

第49条（株式会社の成立）
　株式会社は、その本店の所在地において設立の登記をすることによって成立する。

第52条の２（出資の履行を仮装した場合の責任等）
① 　発起人は、次の各号に掲げる場合には、株式会社に対し、当該各号に定める行為をする義務を負う。
　１　第34条第１項の規定による払込みを仮装した場合　払込みを仮装した出資に係る金銭の全額の支払
　２　第34条第１項の規定による給付を仮装した場合　給付を仮装した出資に係る金銭以外の財産の全部の給付（株式会社が当該給付に代えて当該財産の価額に相当する金銭の支払を請求した場合にあっては、当該金銭の全額の支払）
② 　前項各号に掲げる場合には、発起人がその出資の履行を仮装することに関与した発起人又は設立時取締役として法務省令で定める者は、株式会社に対し、当該各号に規定する支払をする義務を負う。ただし、その者（当該出資の履行を仮装したものを除く。）がその職務を行うについて注意を怠らなかったことを証明した場合は、この限りでない。
③ 　発起人が第１項各号に規定する支払をする義務を負う場合において、前項に規定する者が同項の義務を負うときは、これらの者は、連帯債務者とする。
④ 　発起人は、第１項各号に掲げる場合には、当該各号に定める支払若しくは給付又は第２項の規定による支払がされた後でなければ、出資の履行を仮装した設立時発行株式について、設立時株主（第65条第１項に規定する設立時株主をいう。次項において同じ。）及び株主の権利を行使することができない。

第57条（設立時発行株式を引き受ける者の募集）
① 　発起人は、この款の定めるところにより、設立時発行株式を引き受ける

者の募集をする旨を定めることができる。

第58条（設立時募集株式に関する事項の決定）
① 発起人は、前条第1項の募集をしようとするときは、その都度、設立時募集株式（同項の募集に応じて設立時発行株式の引受けの申込みをした者に対して割り当てる設立時発行株式をいう。以下この節において同じ。）について次に掲げる事項を定めなければならない。
　1　設立時募集株式の数（設立しようとする株式会社が種類株式発行会社である場合にあっては、その種類及び種類ごとの数。以下この款において同じ。）
　2　設立時募集株式の払込金額（設立時募集株式1株と引換えに払い込む金銭の額をいう。以下この款において同じ。）
　3　設立時募集株式と引換えにする金銭の払込みの期日又はその期間
　4　一定の日までに設立の登記がされない場合において、設立時募集株式の引受けの取消しをすることができることとするときは、その旨及びその一定の日

第63条（設立時募集株式の払込金額の払込み）
① 設立時募集株式の引受人は、第58条第1項第3号の期日又は同号の期間内に、発起人が定めた銀行等の払込みの取扱いの場所において、それぞれの設立時募集株式の払込金額の全額の払込みを行わなければならない。

第64条（払込金の保管証明）
① 第57条第1項の募集をした場合には、発起人は、第34条第1項及び前条第1項の規定による払込みの取扱いをした銀行等に対し、これらの規定により払い込まれた金額に相当する金銭の保管に関する証明書の交付を請求することができる。

第102条（設立手続等の特則）
③　設立時募集株式の引受人は、第63条第1項の規定による払込みを仮装した場合には、次条第1項又は第103条第2項の規定による支払がされた後でなければ、払込みを仮装した設立時発行株式について、設立時株主及び株主の権利を行使することができない。

第102条の2（払込みを仮装した設立時募集株式の引受人の責任）
①　設立時募集株式の引受人は、前条第3項に規定する場合には、株式会社に対し、払込みを仮装した払込金額の全額の支払をする義務を負う。

第103条（発起人の責任等）
②　第102条第3項に規定する場合には、払込みを仮装することに関与した発起人又は設立時取締役として法務省令で定める者は、株式会社に対し、前条第1項の引受人と連帯して、同項に規定する支払をする義務を負う。ただし、その者（当該払込みを仮装したものを除く。）がその職務を行うについて注意を怠らなかったことを証明した場合は、この限りでない。

第104条（株主の責任）
　株主の責任は、その有する株式の引受価額を限度とする。

第105条（株主の権利）
①　株主は、その有する株式につき次に掲げる権利その他この法律の規定により認められた権利を有する。
　1　剰余金の配当を受ける権利
　2　残余財産の分配を受ける権利
　3　株主総会における議決権

第107条（株式の内容についての特別の定め）
①　株式会社は、その発行する全部の株式の内容として次に掲げる事項を定

めることができる。
1　譲渡による当該株式の取得について当該株式会社の承認を要すること。
2　当該株式について、株主が当該株式会社に対してその取得を請求することができること。
3　当該株式について、当該株式会社が一定の事由が生じたことを条件としてこれを取得することができること。
② 　株式会社は、全部の株式の内容として次の各号に掲げる事項を定めるときは、当該各号に定める事項を定款で定めなければならない。
1　譲渡による当該株式の取得について当該株式会社の承認を要すること　次に掲げる事項
　イ　当該株式を譲渡により取得することについて当該株式会社の承認を要する旨
　ロ　一定の場合においては株式会社が第136条又は第137条第1項の承認をしたものとみなすときは、その旨及び当該一定の場合
（2号以下　略）

第108条（異なる種類の株式）

① 　株式会社は、次に掲げる事項について異なる定めをした内容の異なる2以上の種類の株式を発行することができる。ただし、指名委員会等設置会社及び公開会社は、第9号に掲げる事項についての定めがある種類の株式を発行することができない。
1　剰余金の配当
2　残余財産の分配
3　株主総会において議決権を行使することができる事項
4　譲渡による当該種類の株式の取得について当該株式会社の承認を要すること。
5　当該種類の株式について、株主が当該株式会社に対してその取得を請求することができること。

六　当該種類の株式について、当該株式会社が一定の事由が生じたことを条件としてこれを取得することができること。

七　当該種類の株式について、当該株式会社が株主総会の決議によってその全部を取得すること。

八　株主総会（取締役会設置会社にあっては株主総会又は取締役会、清算人会設置会社（第478条第8項に規定する清算人会設置会社をいう。以下この条において同じ。）にあっては株主総会又は清算人会）において決議すべき事項のうち、当該決議のほか、当該種類の株式の種類株主を構成員とする種類株主総会の決議があることを必要とするもの

九　当該種類の株式の種類株主を構成員とする種類株主総会において取締役（監査等委員会設置会社にあっては、監査等委員である取締役又はそれ以外の取締役。次項第9号及び第112条第1項において同じ。）又は監査役を選任すること。

② 株式会社は、次の各号に掲げる事項について内容の異なる2以上の種類の株式を発行する場合には、当該各号に定める事項及び発行可能種類株式総数を定款で定めなければならない。

一　剰余金の配当　当該種類の株主に交付する配当財産の価額の決定の方法、剰余金の配当をする条件その他剰余金の配当に関する取扱いの内容

二　残余財産の分配　当該種類の株主に交付する残余財産の価額の決定の方法、当該残余財産の種類その他残余財産の分配に関する取扱いの内容

三　株主総会において議決権を行使することができる事項　次に掲げる事項

　イ　株主総会において議決権を行使することができる事項

　ロ　当該種類の株式につき議決権の行使の条件を定めるときは、その条件

四　譲渡による当該種類の株式の取得について当該株式会社の承認を要すること　当該種類の株式についての前条第2項第1号に定める事項

（5〜9号　略）

第109条（株主の平等）

① 株式会社は、株主を、その有する株式の内容及び数に応じて、平等に取り扱わなければならない。

第113条（発行可能株式総数）

④ 新株予約権（第236条第1項第4号の期間の初日が到来していないものを除く。）の新株予約権者が第282条第1項の規定により取得することとなる株式の数は、発行可能株式総数から発行済株式（自己株式（株式会社が有する自己の株式をいう。以下同じ。）を除く。）の総数を控除して得た数を超えてはならない。

第127条（株式の譲渡）

株主は、その有する株式を譲渡することができる。

第136条（株主からの承認の請求）

譲渡制限株式の株主は、その有する譲渡制限株式を他人（当該譲渡制限株式を発行した株式会社を除く。）に譲り渡そうとするときは、当該株式会社に対し、当該他人が当該譲渡制限株式を取得することについて承認をするか否かの決定をすることを請求することができる。

第137条（株式取得者からの承認の請求）

① 譲渡制限株式を取得した株式取得者は、株式会社に対し、当該譲渡制限株式を取得したことについて承認をするか否かの決定をすることを請求することができる。

第139条（譲渡等の承認の決定等）

① 株式会社が第136条又は第137条第1項の承認をするか否かの決定をするには、株主総会（取締役会設置会社にあっては、取締役会）の決議によらなければならない。ただし、定款に別段の定めがある場合は、この限りで

ない。

第156条（株式の取得に関する事項の決定）
① 株式会社が株主との合意により当該株式会社の株式を有償で取得するには、あらかじめ、株主総会の決議によって、次に掲げる事項を定めなければならない。ただし、第3号の期間は、1年を超えることができない。
 1 取得する株式の数（種類株式発行会社にあっては、株式の種類及び種類ごとの数）
 2 株式を取得するのと引換えに交付する金銭等（当該株式会社の株式等を除く。以下この款において同じ。）の内容及びその総額
 3 株式を取得することができる期間

第199条（募集事項の決定）
① 株式会社は、その発行する株式又はその処分する自己株式を引き受ける者の募集をしようとするときは、その都度、募集株式（当該募集に応じてこれらの株式の引受けの申込みをした者に対して割り当てる株式をいう。以下この節において同じ。）について次に掲げる事項を定めなければならない。
 1 募集株式の数（種類株式発行会社にあっては、募集株式の種類及び数。以下この節において同じ。）
 2 募集株式の払込金額（募集株式1株と引換えに払い込む金銭又は給付する金銭以外の財産の額をいう。以下この節において同じ。）又はその算定方法
 3 金銭以外の財産を出資の目的とするときは、その旨並びに当該財産の内容及び価額
 4 募集株式と引換えにする金銭の払込み又は前号の財産の給付の期日又はその期間
 5 株式を発行するときは、増加する資本金及び資本準備金に関する事項
② 前項各号に掲げる事項（以下この節において「募集事項」という。）の

決定は、株主総会の決議によらなければならない。
③　第1項第2号の払込金額が募集株式を引き受ける者に特に有利な金額である場合には、取締役は、前項の株主総会において、当該払込金額でその者の募集をすることを必要とする理由を説明しなければならない。

第208条（出資の履行）

①　募集株式の引受人（現物出資財産を給付する者を除く。）は、第199条第1項第4号の期日又は同号の期間内に、株式会社が定めた銀行等の払込みの取扱いの場所において、それぞれの募集株式の払込金額の全額を払い込まなければならない。

第209条（株主となる時期等）

②　募集株式の引受人は、第213条の2第1項各号に掲げる場合には、当該各号に定める支払若しくは給付又は第213条の3第1項の規定による支払がされた後でなければ、出資の履行を仮装した募集株式について、株主の権利を行使することができない。

第213条の2（出資の履行を仮装した募集株式の引受人の責任）

①　募集株式の引受人は、次の各号に掲げる場合には、株式会社に対し、当該各号に定める行為をする義務を負う。
　1　第208条第1項の規定による払込みを仮装した場合　払込みを仮装した払込金額の全額の支払
　2　第208条第2項の規定による給付を仮装した場合　給付を仮装した現物出資財産の給付（株式会社が当該給付に代えて当該現物出資財産の価額に相当する金銭の支払を請求した場合にあっては、当該金銭の全額の支払）

第213条の3（出資の履行を仮装した場合の取締役等の責任）

①　前条第1項各号に掲げる場合には、募集株式の引受人が出資の履行を仮

装することに関与した取締役（指名委員会等設置会社にあっては、執行役を含む。）として法務省令で定める者は、株式会社に対し、当該各号に規定する支払をする義務を負う。ただし、その者（当該出資の履行を仮装したものを除く。）がその職務を行うについて注意を怠らなかったことを証明した場合は、この限りでない。
② 募集株式の引受人が前条第1項各号に規定する支払をする義務を負う場合において、前項に規定する者が同項の義務を負うときは、これらの者は、連帯債務者とする。

第214条（株券を発行する旨の定款の定め）
　株式会社は、その株式（種類株式発行会社にあっては、全部の種類の株式）に係る株券を発行する旨を定款で定めることができる。

第295条（株主総会の権限）
① 株主総会は、この法律に規定する事項及び株式会社の組織、運営、管理その他株式会社に関する一切の事項について決議をすることができる。
② 前項の規定にかかわらず、取締役会設置会社においては、株主総会は、この法律に規定する事項及び定款で定めた事項に限り、決議をすることができる。

第308条（議決権の数）
① 株主（株式会社がその総株主の議決権の4分の1以上を有することその他の事由を通じて株式会社がその経営を実質的に支配することが可能な関係にあるものとして法務省令で定める株主を除く。）は、株主総会において、その有する株式1株につき1個の議決権を有する。ただし、単元株式数を定款で定めている場合には、1単元の株式につき1個の議決権を有する。

第309条（株主総会の決議）

① 株主総会の決議は、定款に別段の定めがある場合を除き、議決権を行使することができる株主の議決権の過半数を有する株主が出席し、出席した当該株主の議決権の過半数をもって行う。

② 前項の規定にかかわらず、次に掲げる株主総会の決議は、当該株主総会において議決権を行使することができる株主の議決権の過半数（3分の1以上の割合を定款で定めた場合にあっては、その割合以上）を有する株主が出席し、出席した当該株主の議決権の3分の2（これを上回る割合を定款で定めた場合にあっては、その割合）以上に当たる多数をもって行わなければならない。この場合においては、当該決議の要件に加えて、一定の数以上の株主の賛成を要する旨その他の要件を定款で定めることを妨げない。

（1～10号　略）

11　第6章から第8章までの規定により株主総会の決議を要する場合における当該株主総会

（12号　略）

第326条（株主総会以外の機関の設置）

① 株式会社には、1人又は2人以上の取締役を置かなければならない。

② 株式会社は、定款の定めによって、取締役会、会計参与、監査役、監査役会、会計監査人、監査等委員会又は指名委員会等を置くことができる。

第327条（取締役会等の設置義務等）

① 次に掲げる株式会社は、取締役会を置かなければならない。
　1　公開会社
　2　監査役会設置会社
　3　監査等委員会設置会社
　4　指名委員会等設置会社

② 取締役会設置会社（監査等委員会設置会社及び指名委員会等設置会社を

除く。）は、監査役を置かなければならない。ただし、公開会社でない会計参与設置会社については、この限りでない。
③　会計監査人設置会社（監査等委員会設置会社及び指名委員会等設置会社を除く。）は、監査役を置かなければならない。
④　監査等委員会設置会社及び指名委員会等設置会社は、監査役を置いてはならない。
⑤　監査等委員会設置会社及び指名委員会等設置会社は、会計監査人を置かなければならない。
⑥　指名委員会等設置会社は、監査等委員会を置いてはならない。

第328条（大会社における監査役会等の設置義務）
①　大会社（公開会社でないもの、監査等委員会設置会社及び指名委員会等設置会社を除く。）は、監査役会及び会計監査人を置かなければならない。
②　公開会社でない大会社は、会計監査人を置かなければならない。

第329条（選任）
①　役員（取締役、会計参与及び監査役をいう。以下この節、第371条第4項及び第394条第3項において同じ。）及び会計監査人は、株主総会の決議によって選任する。

第331条（取締役の資格等）
⑤　取締役会設置会社においては、取締役は、3人以上でなければならない。

第337条（会計監査人の資格等）
①　会計監査人は、公認会計士又は監査法人でなければならない。

第339条（解任）
①　役員及び会計監査人は、いつでも、株主総会の決議によって解任するこ

第348条（業務の執行）

① 取締役は、定款に別段の定めがある場合を除き、株式会社（取締役会設置会社を除く。以下この条において同じ。）の業務を執行する。

第349条（株式会社の代表）

① 取締役は、株式会社を代表する。ただし、他に代表取締役その他株式会社を代表する者を定めた場合は、この限りでない。

（②項　略）

③ 株式会社（取締役会設置会社を除く。）は、定款、定款の定めに基づく取締役の互選又は株主総会の決議によって、取締役の中から代表取締役を定めることができる。

第356条（競業及び利益相反取引の制限）

① 取締役は、次に掲げる場合には、株主総会において、当該取引につき重要な事実を開示し、その承認を受けなければならない。

　1　取締役が自己又は第三者のために株式会社の事業の部類に属する取引をしようとするとき。

　2　取締役が自己又は第三者のために株式会社と取引をしようとするとき。

　3　株式会社が取締役の債務を保証することその他取締役以外の者との間において株式会社と当該取締役との利益が相反する取引をしようとするとき。

第362条（取締役会の権限等）

① 取締役会は、すべての取締役で組織する。

② 取締役会は、次に掲げる職務を行う。

　1　取締役会設置会社の業務執行の決定

2　取締役の職務の執行の監督
　　3　代表取締役の選定及び解職
③　取締役会は、取締役の中から代表取締役を選定しなければならない。
④　取締役会は、次に掲げる事項その他の重要な業務執行の決定を取締役に委任することができない。
　　1　重要な財産の処分及び譲受け
　　2　多額の借財
　　3　支配人その他の重要な使用人の選任及び解任
　　4　支店その他の重要な組織の設置、変更及び廃止
　　5　第676条第1号に掲げる事項その他の社債を引き受ける者の募集に関する重要な事項として法務省令で定める事項
　　6　取締役の職務の執行が法令及び定款に適合することを確保するための体制その他株式会社の業務並びに当該株式会社及びその子会社から成る企業集団の業務の適正を確保するために必要なものとして法務省令で定める体制の整備
　　7　第426条第1項の規定による定款の定めに基づく第423条第1項の責任の免除

第363条（取締役会設置会社の取締役の権限）
①　次に掲げる取締役は、取締役会設置会社の業務を執行する。
　　1　代表取締役
　　2　代表取締役以外の取締役であって、取締役会の決議によって取締役会設置会社の業務を執行する取締役として選定されたもの

第365条（競業及び取締役会設置会社との取引等の制限）
①　取締役会設置会社における第356条の規定の適用については、同条第1項中「株主総会」とあるのは、「取締役会」とする。

第369条（取締役会の決議）

① 取締役会の決議は、議決に加わることができる取締役の過半数（これを上回る割合を定款で定めた場合にあっては、その割合以上）が出席し、その過半数（これを上回る割合を定款で定めた場合にあっては、その割合以上）をもって行う。

（②項　略）

③ 取締役会の議事については、法務省令で定めるところにより、議事録を作成し、議事録が書面をもって作成されているときは、出席した取締役及び監査役は、これに署名し、又は記名押印しなければならない。

第381条（監査役の権限）

① 監査役は、取締役（会計参与設置会社にあっては、取締役及び会計参与）の職務の執行を監査する。この場合において、監査役は、法務省令で定めるところにより、監査報告を作成しなければならない。

第396条（会計監査人の権限等）

① 会計監査人は、次章の定めるところにより、株式会社の計算書類及びその附属明細書、臨時計算書類並びに連結計算書類を監査する。この場合において、会計監査人は、法務省令で定めるところにより、会計監査報告を作成しなければならない。

第445条（資本金の額及び準備金の額）

① 株式会社の資本金の額は、この法律に別段の定めがある場合を除き、設立又は株式の発行に際して株主となる者が当該株式会社に対して払込み又は給付をした財産の額とする。

第453条（株主に対する剰余金の配当）

株式会社は、その株主（当該株式会社を除く。）に対し、剰余金の配当をすることができる。

第454条（剰余金の配当に関する事項の決定）
① 株式会社は、前条の規定による剰余金の配当をしようとするときは、その都度、株主総会の決議によって、次に掲げる事項を定めなければならない。
  1 配当財産の種類（当該株式会社の株式等を除く。）及び帳簿価額の総額
  2 株主に対する配当財産の割当てに関する事項
  3 当該剰余金の配当がその効力を生ずる日
（②項　略）
③ 第1項第2号に掲げる事項についての定めは、株主（当該株式会社及び前項第1号の種類の株式の株主を除く。）の有する株式の数（前項第2号に掲げる事項についての定めがある場合にあっては、各種類の株式の数）に応じて配当財産を割り当てることを内容とするものでなければならない。

第466条〔定款の変更〕
株式会社は、その成立後、株主総会の決議によって、定款を変更することができる。

第575条（定款の作成）
① 合名会社、合資会社又は合同会社（以下「持分会社」と総称する。）を設立するには、その社員になろうとする者が定款を作成し、その全員がこれに署名し、又は記名押印しなければならない。

第576条（定款の記載又は記録事項）
① 持分会社の定款には、次に掲げる事項を記載し、又は記録しなければならない。
  （1～4号　略）
  5 社員が無限責任社員又は有限責任社員のいずれであるかの別

（6号　略）
②　設立しようとする持分会社が合名会社である場合には、前項第5号に掲げる事項として、その社員の全部を無限責任社員とする旨を記載し、又は記録しなければならない。

第590条（業務の執行）
①　社員は、定款に別段の定めがある場合を除き、持分会社の業務を執行する。

第599条（持分会社の代表）
①　業務を執行する社員は、持分会社を代表する。ただし、他に持分会社を代表する社員その他持分会社を代表する者を定めた場合は、この限りでない。
（②項　略）
③　持分会社は、定款又は定款の定めに基づく社員の互選によって、業務を執行する社員の中から持分会社を代表する社員を定めることができる。

第911条（株式会社の設立の登記）
①　株式会社の設立の登記は、その本店の所在地において、次に掲げる日のいずれか遅い日から2週間以内にしなければならない。
　1　第46条第1項の規定による調査が終了した日（設立しようとする株式会社が指名委員会等設置会社である場合にあっては、設立時代表執行役が同条第3項の規定による通知を受けた日）
　2　発起人が定めた日
（②項　略）
③　第1項の登記においては、次に掲げる事項を登記しなければならない。
　1　目的
　2　商号
　3　本店及び支店の所在場所

4　株式会社の存続期間又は解散の事由についての定款の定めがあるときは、その定め
5　資本金の額
6　発行可能株式総数
7　発行する株式の内容（種類株式発行会社にあっては、発行可能種類株式総数及び発行する各種類の株式の内容）
8　単元株式数についての定款の定めがあるときは、その単元株式数
9　発行済株式の総数並びにその種類及び種類ごとの数
10　株券発行会社であるときは、その旨
11　株主名簿管理人を置いたときは、その氏名又は名称及び住所並びに営業所
12　新株予約権を発行したときは、次に掲げる事項
　イ　新株予約権の数
　ロ　第236条第1項第1号から第4号までに掲げる事項
　ハ　ロに掲げる事項のほか、新株予約権の行使の条件を定めたときは、その条件
　ニ　第236条第1項第7号並びに第238条第1項第2号及び第3号に掲げる事項
13　取締役（監査等委員会設置会社の取締役を除く。）の氏名
14　代表取締役の氏名及び住所（第23号に規定する場合を除く。）
15　取締役会設置会社であるときは、その旨
16　会計参与設置会社であるときは、その旨並びに会計参与の氏名又は名称及び第378条第1項の場所
17　監査役設置会社（監査役の監査の範囲を会計に関するものに限定する旨の定款の定めがある株式会社を含む。）であるときは、その旨及び次に掲げる事項
　イ　監査役の監査の範囲を会計に関するものに限定する旨の定款の定めがある株式会社であるときは、その旨
　ロ　監査役の氏名

18　監査役会設置会社であるときは、その旨及び監査役のうち社外監査役であるものについて社外監査役である旨
19　会計監査人設置会社であるときは、その旨及び会計監査人の氏名又は名称
20　第346条第4項の規定により選任された一時会計監査人の職務を行うべき者を置いたときは、その氏名又は名称
21　第373条第1項の規定による特別取締役による議決の定めがあるときは、次に掲げる事項
　イ　第373条第1項の規定による特別取締役による議決の定めがある旨
　ロ　特別取締役の氏名
　ハ　取締役のうち社外取締役であるものについて、社外取締役である旨
22　監査等委員会設置会社であるときは、その旨及び次に掲げる事項
　イ　監査等委員である取締役及びそれ以外の取締役の氏名
　ロ　取締役のうち社外取締役であるものについて、社外取締役である旨
　ハ　第399条の13第6項の規定による重要な業務執行の決定の取締役への委任についての定款の定めがあるときは、その旨
23　指名委員会等設置会社であるときは、その旨及び次に掲げる事項
　イ　取締役のうち社外取締役であるものについて、社外取締役である旨
　ロ　各委員会の委員及び執行役の氏名
　ハ　代表執行役の氏名及び住所
24　第426条第1項の規定による取締役、会計参与、監査役、執行役又は会計監査人の責任の免除についての定款の定めがあるときは、その定め
25　第427条第1項の規定による非業務執行取締役等が負う責任の限度に関する契約の締結についての定款の定めがあるときは、その定め
26　第440条第3項の規定による措置をとることとするときは、同条第1項に規定する貸借対照表の内容である情報について不特定多数の者がその提供を受けるために必要な事項であって法務省令で定めるもの
27　第939条第1項の規定による公告方法についての定款の定めがあるときは、その定め

28 前号の定款の定めが電子公告を公告方法とする旨のものであるときは、次に掲げる事項
　イ　電子公告により公告すべき内容である情報について不特定多数の者がその提供を受けるために必要な事項であって法務省令で定めるもの
　ロ　第939条第3項後段の規定による定款の定めがあるときは、その定め
29 第27号の定款の定めがないときは、第939条第4項の規定により官報に掲載する方法を公告方法とする旨

第915条（変更の登記）

① 会社において第911条第3項各号又は前3条各号に掲げる事項に変更が生じたときは、2週間以内に、その本店の所在地において、変更の登記をしなければならない。

第960条（取締役等の特別背任罪）

① 次に掲げる者が、自己若しくは第三者の利益を図り又は株式会社に損害を加える目的で、その任務に背く行為をし、当該株式会社に財産上の損害を加えたときは、10年以下の懲役若しくは1000万円以下の罰金に処し、又はこれを併科する。
1 発起人
2 設立時取締役又は設立時監査役
3 取締役、会計参与、監査役又は執行役
4 民事保全法第56条に規定する仮処分命令により選任された取締役、監査役又は執行役の職務を代行する者
5 第346条第2項、第351条第2項又は第401条第3項（第403条第3項及び第420条第3項において準用する場合を含む。）の規定により選任された一時取締役（監査等委員会設置会社にあっては、監査等委員である取締役又はそれ以外の取締役）、会計参与、監査役、代表取締役、委員（指名委員会、監査委員会又は報酬委員会の委員をいう。）、執行役又は

代表執行役の職務を行うべき者
6　支配人
7　事業に関するある種類又は特定の事項の委任を受けた使用人
8　検査役

○ 商業登記法〔抄〕（昭和38年7月9日 法律第125号）

最近改正　令和元年5月31日法律第16号

第47条（設立の登記）
① 設立の登記は、会社を代表すべき者の申請によつてする。
② 設立の登記の申請書には、法令に別段の定めがある場合を除き、次の書面を添付しなければならない。
（1〜4号　略）
　5　会社法第34条第1項の規定による払込みがあつたことを証する書面（同法第57条第1項の募集をした場合にあつては、同法第64条第1項の金銭の保管に関する証明書）
（6号以下　略）

第56条（募集株式の発行による変更の登記）
　募集株式（会社法第199条第1項に規定する募集株式をいう。第1号及び第5号において同じ。）の発行による変更の登記の申請書には、次の書面を添付しなければならない。
（1号　略）
　2　金銭を出資の目的とするときは、会社法第208条第1項の規定による払込みがあつたことを証する書面
（3号以下　略）

○　金融商品取引法〔抄〕（昭和23年4月13日／法律第25号）

最近改正　令和元年6月14日法律第37号

第158条（風説の流布、偽計、暴行又は脅迫の禁止）
　何人も、有価証券の募集、売出し若しくは売買その他の取引若しくはデリバティブ取引等のため、又は有価証券等（有価証券若しくはオプション又はデリバティブ取引に係る金融商品（有価証券を除く。）若しくは金融指標をいう。第168条第1項、第173条第1項及び第197条第2項第1号において同じ。）の相場の変動を図る目的をもつて、風説を流布し、偽計を用い、又は暴行若しくは脅迫をしてはならない。

第197条
① 　次の各号のいずれかに該当する者は、10年以下の懲役若しくは1,000万円以下の罰金に処し、又はこれを併科する。
　（1～4号の2　略）
　5　第157条、第158条又は第159条の規定に違反した者（当該違反が商品関連市場デリバティブ取引のみに係るものである場合を除く。）

著者プロフィール

鶴岡文人（つるおか　ふみひと）
愛媛県警察本部捜査第二課長、新潟県警察本部捜査第二課長、警察大学校・財務捜査研修センター教授、徳島県警察本部警務部長等を歴任

主な著書・論考等

『捜査のための民法（第3版）』（東京法令出版、2017年）
「捜査における民商事の必要性」（「警察学論集」66巻11号（立花書房、2013年））
「捜査における民商事の必要性：演習（民法篇）」（「警察学論集」67巻4号（立花書房、2014年））

　　本書の内容等について、ご意見・ご要望がございましたら、編集室までお寄せください。FAX・メールいずれでも受け付けております。

〒112-0002　東京都文京区小石川5-17-3
TEL　03(5803)3304
FAX　03(5803)2560
e-mail　police-law@tokyo-horei.co.jp

捜査のための会社法
（旧書名『実務に役立つ会社法入門』）

平成23年12月1日　初　版　発　行
令和元年11月1日　改　訂　版　発　行

著　者　　鶴　岡　文　人
発行者　　星　沢　卓　也
発行所　　東京法令出版株式会社

112-0002	東京都文京区小石川5丁目17番3号	03(5803)3304
534-0024	大阪市都島区東野田町1丁目17番12号	06(6355)5226
062-0902	札幌市豊平区豊平2条5丁目1番27号	011(822)8811
980-0012	仙台市青葉区錦町1丁目1番10号	022(216)5871
460-0003	名古屋市中区錦1丁目6番34号	052(218)5552
730-0005	広島市中区西白島町11番9号	082(212)0888
810-0011	福岡市中央区高砂2丁目13番22号	092(533)1588
380-8688	長野市南千歳町1005番地	

〔営業〕TEL 026(224)5411　FAX 026(224)5419
〔編集〕TEL 026(224)5412　FAX 026(224)5439
https://www.tokyo-horei.co.jp

Ⓒ FUMIHITO TSURUOKA Printed in Japan, 2011
　本書の全部又は一部の複写、複製及び磁気又は光記録媒体への入力等は、著作権法上での例外を除き禁じられています。これらの許諾については、当社までご照会ください。
　落丁本・乱丁本はお取替えいたします。

ISBN978-4-8090-1405-5